ホワイト・ガーデン誕生

ヴィタ・サックヴィル＝ウエストの肖像

菊池眞理
KIKUCHI MARI

幻冬舎MC

ホワイト・ガーデン誕生

ヴィタ・サックヴィル＝ウエストの肖像

ヴィタ・サックヴィル＝ウエストの家系図

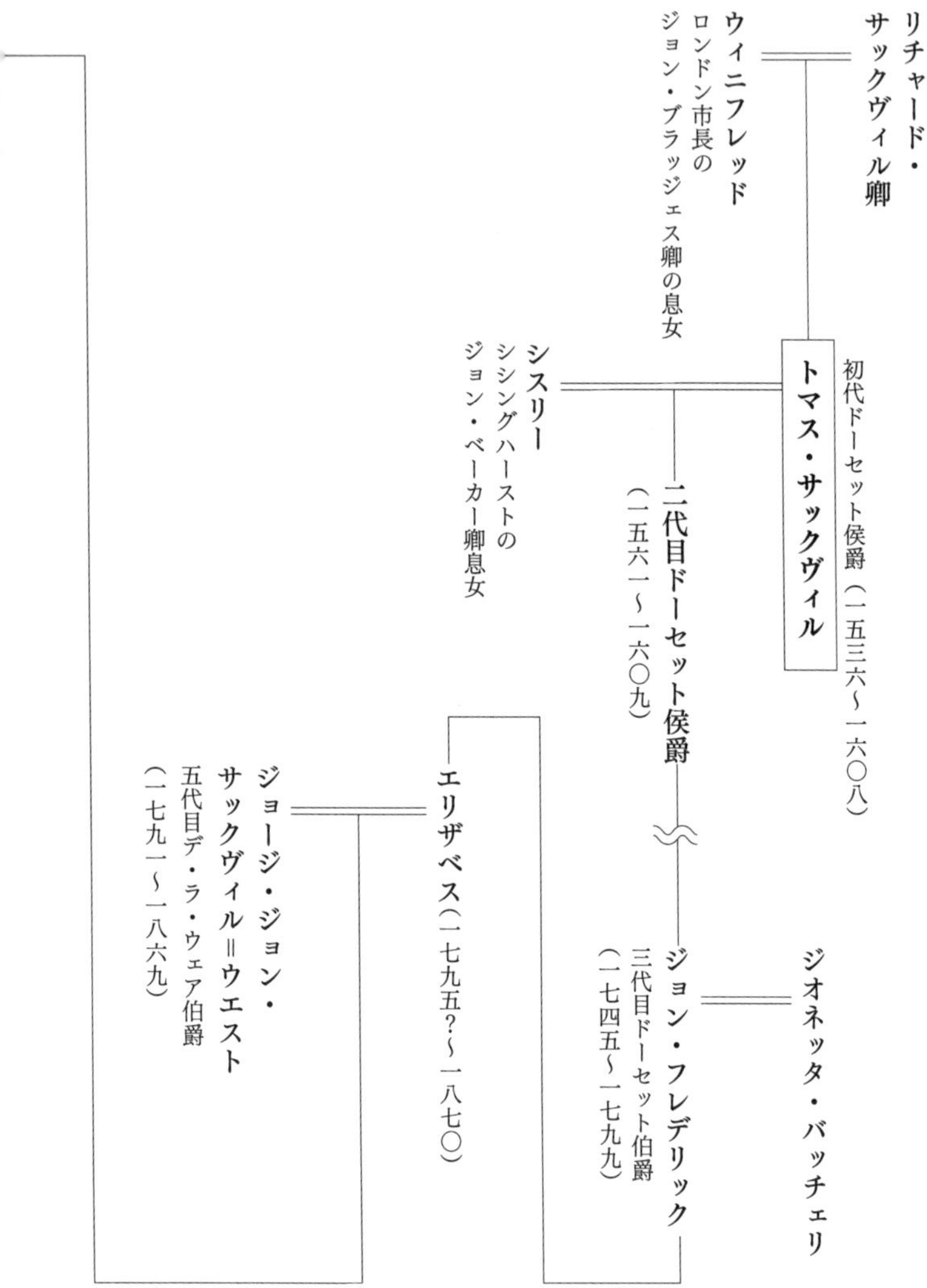
リチャード・サックヴィル卿
ウィニフレッド
ロンドン市長のジョン・ブラッジェス卿の息女
初代ドーセット侯爵（一五三六〜一六〇八）
トマス・サックヴィル
シスリー
シシングハーストのジョン・ベーカー卿息女
二代目ドーセット侯爵
（一五六一〜一六〇九）
ジオネッタ・バッチェリ
ジョン・フレデリック
三代目ドーセット伯爵
（一七四五〜一七九九）
エリザベス（一七九五?〜一八七〇）
ジョージ・ジョン・サックヴィル＝ウエスト
五代目デ・ラ・ウェア伯爵
（一七九一〜一八六九）

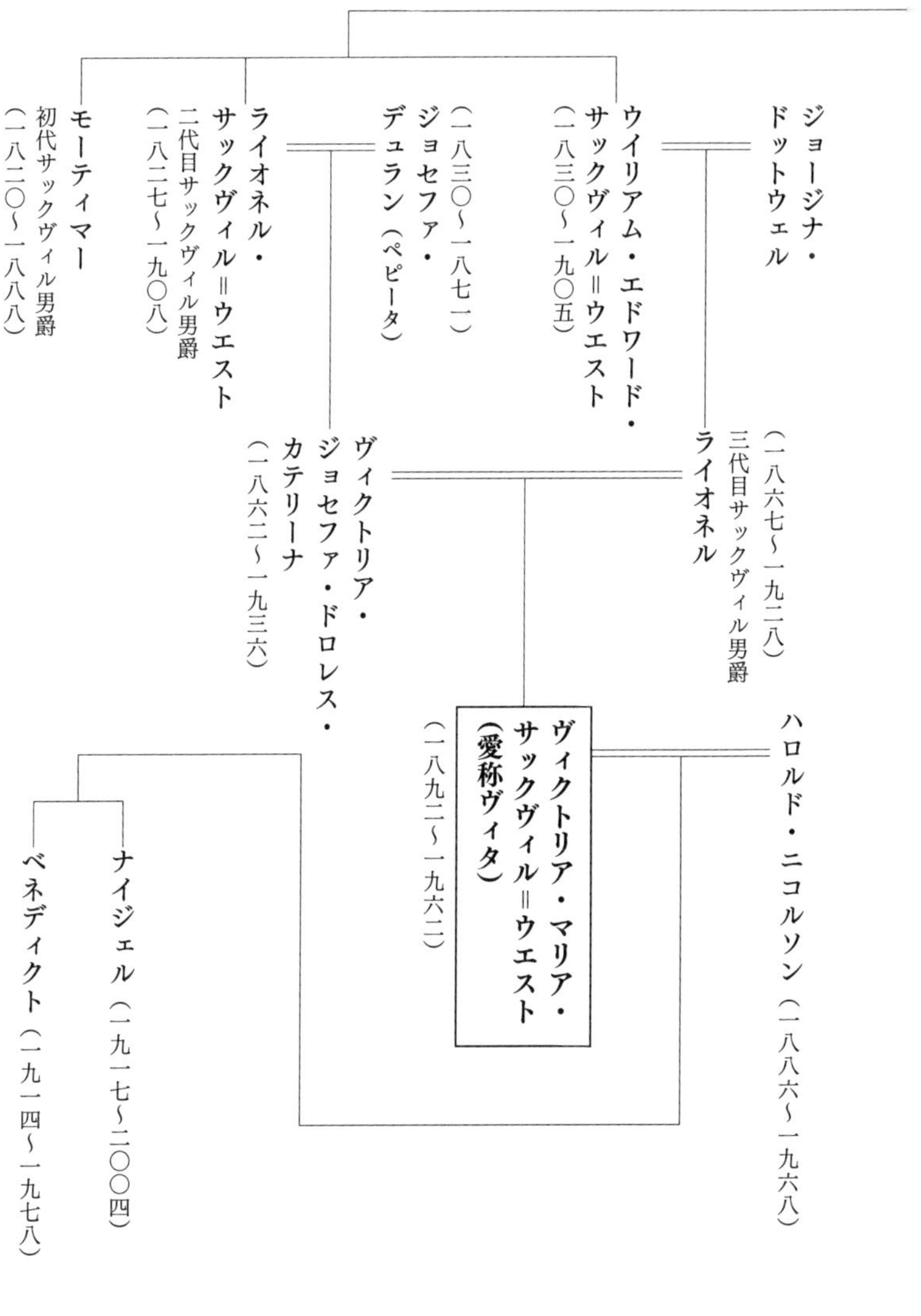
ジョージナ・ドットウェル
ウイリアム・エドワード・サックヴィル＝ウエスト（一八三〇～一九〇五）
ジョセファ・デュラン（ペピータ）（一八三〇～一八七一）
ライオネル・サックヴィル＝ウエスト 二代目サックヴィル男爵（一八二七～一九〇八）
モーティマー 初代サックヴィル男爵（一八二〇～一八八八）
ライオネル 三代目サックヴィル男爵（一八六七～一九二八）
ヴィクトリア・ジョセファ・ドロレス・カテリーナ（一八六二～一九三六）
ハロルド・ニコルソン（一八八六～一九六八）
ヴィクトリア・マリア・サックヴィル＝ウエスト（愛称ヴィタ）（一八九二～一九六二）
ナイジェル（一九一七～二〇〇四）
ベネディクト（一九一四～一九七八）

はじめに

シシングハースト・カースル・ガーデンはエドワード朝に造られた二つの名園の一つであり、英国屈指の美しい庭園である。ロンドンの南東に位置しており、英国国教会の大主教が在住するウェストミンスター寺院からもあまり遠くないところに位置している。

シシングハーストの庭園は、日本でも、ガーデニングや、バラの愛好家の間では常に人気が高く、いつ訪れても同胞の人々の姿を見かける。しかし、どうして英国に存在する数多の庭園を差し置いて、この庭園が世界中の人々を惹きつけているのかを私なりに紐解いてみたいというのがこの物語を書くことになった動機である。

正面入り口

二〇〇八年に『英国の白いバラヴィタの肖像』を出版したことがきっかけになって、シシングハースト城の中に足を踏み入れることになった。この庭園に興味を持ってから七度目の訪問で得たチャンスである。この城に暮らしているジュリエット・ニコルソン、アダム・ニコルソン姉弟からお茶に呼ばれるという夢のような話である。まさかこの城の中に入れるとは……。

地下鉄の突然の故障に加えて、いつもとは異なったルートを通ったということもあったが、約束より三十分は遅

アダム・ニコルソン姉弟

ゲートに向かうアダムとジュリエット

刻するという申し訳ないことになった。それでも我々（私の知人のガーデナーと私）が最後にはトラックに便乗させて貰ったという話に二人は大笑いし、瞬時に打ち解けた雰囲気になった。

アダムは絶え間なく質問をする人、姉のジュリエットは静かに耳を傾ける人であった。そのアダムの最初の問いが、「どうしてシシングハーストに興味を持ったの？」であった。私はとっさに本当のことを答えてしまった――この庭園について日本語で書かれたパンフレットがあまりにひどく驚いた。そのパンフレットの主旨は唯一「同性愛者が造った庭園」というものだった――彼ら姉弟は驚いた様子を見せなかったのは当時の私には少し疑問だったが。今にして思えば、そのメッセージは、それなりにこの庭園の本質の一部を突いていたのかも知れない。

七世代にも及ぶこの庭園に関わった一家の人々の生き様は、まるで熟練のシナリオライターが書いた台本のようにめまぐるしく、見事に場面が転換する。外国人の素人には予想すらできない世界を覗かせてくれる。

常に客足のとだえない庭園では当然のことながら常連客ともいうべき人々も多

い。時にはまるで自宅の庭でくつろぐように樹下で読書を楽しんでいる夫婦の姿も見かけた。わが子のようにこの庭をいつくしんだヴィタが、そのような景色を目にしたならば、どのような感想を述べるだろうかと思う。

目次

プロローグ

庭園の州と呼ばれる英国・ケントに印象的な二本の尖頭を持つシシングハースト・カースル・ガーデンを造り上げたのは、ヴィクトリア・マリア・サックヴィル＝ウエスト・ニコルソン夫妻である。愛称ヴィタと呼ばれたヴィクトリア・サックヴィル＝ウエストはこの庭園からさほど遠くないノール城で一八九二年三月九日、城主、二代目サックヴィル卿の娘であるヴィクトリアを母に、サックヴィル卿の甥になるライオネルを父として生まれた。

サックヴィル家は何世紀にも亘って、現在のイースト・サセックス州の半分以上の領地を所有し、小高い丘の上からあたりを睥睨《へいげい》して立つノール城の城主を務めた家系である。

ノール城がサックヴィル家と関わりを持つようになったのは、一五六六年にエリザベス一世が初代ドーセット伯爵であるバックハースト卿・トマス・サックヴィルにこの城を与えてからのことである。女王が自分の下で財務大臣を務め、フランス大使なども歴任した「天才的な詩人である」サックヴィル卿を自分の膝下《しっか》に住まわせたかったのがその理由だとされている。また、独身であった女王はお気に入りの臣下を自分の近くに住まわせ、彼等の邸を訪問していた。それが彼女の一つの政治手法であった。

エドワード朝を代表する名園を造り上げたヴィタ・サックヴィル＝ウエストはこのトマス・サックヴィル卿の末裔である。しかし彼女の人生は文字通り波瀾万丈で、彼女をめぐって起きた出来事のどの一つを取り出してみても、普通の人間ならば一生に一度、遭遇するかどうかと思える性質のものである。また彼女の人生に関わった人々は、女王や首相のような著名人から、彼女の祖母のように素性の分からないロマ*の血を引く人物にまで及ぶという多彩さである（＊ジプシー〈北インド起源の移動型民族〉を指すが偏見や差別語だとして今は「ロマ」が一般的）。

エリザベス朝から続く貴族の一人娘として生を受けた少女は、幼時から詩人、文筆家として著名な存在であった。外交官と結婚して家庭を築き、二人の子供をもうけた後に英国上流社会を震撼させるような駆け落ち事件を、それも女友達と引き起こして、家族、友人達を混乱に陥れた。

二年後にこの事件が落着しても、彼女と同性愛関係に陥る女性は引きも切らなかった。彼女の生涯を通じて女性も男性も、まるで誘蛾灯に引き寄せられる蛾のように彼女の周りに蝟集《いしゅう》した。その人々の群の中には、人間の精神の陰影を「意識の流れ」という新しい手法で描き、今なお多くの読者を惹きつけてやまない閨《けい》秀《しゅう》作家、ヴァージニア・ウルフの姿もあった。ヴィタの美貌と貴族性に惹かれたヴァージニアはヴィタをモデルとした異色の作品『オーランドー』を書いたが、この作品によって、ヴィタの姿は両性具有のミューズとして文学史上にもとどまることになった。

家族を養い、本を書き、旅を楽しみ、ガーデニングに励むヴィタのライフ・ストーリーは、通常のエネルギーしか持ち合わせていない人々には目くるめく思いを与え、息切れさえ感じさせる。彼女の人生の多様さ、出来事の多さは彼女の本当の姿を見極めることを困難にしている。

ヴィタがこの世を去って半世紀経ち、彼女をめぐる全ての生々しい出来事は次第に人々の記憶から薄れつつある。彼女が生涯を賭けて蘇らせた古い城郭も、あと百年程度の寿命であろうという。ヴィタの名前を世に知らしめた庭でさえも彼女の存在がなくなれば、もはや同じものではあり得ない。どんな名園も日々新しく、同じところにとどまることはない。自分達の庭の運命は彼女も、彼女の夫もよく理解していたはずである。その永遠たり得ないものに、彼等は生涯をかけていたのである。

第一部　ヴィタのルーツ

第一章　ノール城の令嬢

美貌の祖母ペピータ

ヴィタが祖母について記した『ペピータ』を出版したのは一九三七年、彼女が作家として脂の乗り切った四十五歳の時のことである。彼女の人生で最も家庭生活が安定し、シシングハーストの造園に関わっていた時期でもある。母の遺品の中に祖母に関する書類を見つけたことが直接の動機であったが、祖母のことを書いて「やっかい払い」ができたとも述べている。祖母についていつかは書かねばならないと心に期するものがあったのであろう。

ペピータの母親、カテリーナ・オルテガはスペインのマラガに住む貧しい、ロマの血を引く下駄職人の娘であった。彼女はペドロ・デュランという、糊口をしのぐことができるならどんな仕事でも引き受けていたような暮らしぶりの男性と結婚した。ペドロは彼女との結婚後に、小さな理髪店を開いた。カテリーナ自身も洗濯女、乳母、ホテルのメイドのような様々な仕事をこなし、なんとか生計を立てていた。夫のペドロについては、あまり明確な情報が残ってはいないが、何かの祝宴の際に銃で撃たれ、慈善病院で亡くなったということになっている。残された二人の幼児の中の一人がペピータであった。ペピータの兄であるディエゴについては、兵士としてキューバに行ったことまでは明らかなのだが、それ以後の経歴についてははっきりしていない。

ペピータの美貌は幼時から周囲の人々の注目を集めるほどたぐい稀なものであった。ヴィタが取材のために面会したカテリーナの知人の表現によれば、「彼女の美しさはアンダルシア地方随一」というほどの評判であったという。カテリーナはペピータを宝物のようにいつくしみ、彼女の本当の父親は「スペインの大公」であるという噂まで流した。確かにペピータは誕生時から生みの母親とはまるで異なった階級の人間であるかのような雰囲気を漂わせていたという。

ペピータは母親が自分の稼ぎをつぎ込んで習わせたダンスでも母親の期待に報いるだけの才能を示した。しかし母親の期待を背負って移り住んだ首都のマドリッドではなかなかその期待に応えるほどの活躍はできなかった。

踊り子としては未だ低迷している時期に、ペピータは二歳しか年齢の違わないユアン・アントニオ・オリヴァという若いダンス教師と出会った。多少の紆余曲折を経て、二人は一八五一年二月に、マドリッドの教会で結婚式を挙げた。しかし若い彼等に破局がまもなく訪れた。ペピータに離婚を決意させた動機がその母親のカテリーナと深く関わりがあることだけは周囲の者の目には明白であった。

娘からの仕送りによって半乞食状態から抜け出してやっと手に入れた安寧な暮らしを失いたくない母親は、常人には考えつかないような手段で二人の離婚を画策した。娘のダンサーとしての成功に全てを賭けていた母親は、娘が挙式した教会の婚姻記録を破らせ、息子を刺客に仕立てて差し向けるということまで試みた。結局のところいずれの試みも失敗して、ペピータの最初の婚姻記録は抹消されることはなかったが、母親の目論み通り二人の結婚は破綻した。

当時、ペピータはヨーロッパの各地で公演を行っていたが、一流のホテルに滞在するのを日常にするほどの売れっ子ぶりであった。この時期に彼女はイギリスの外交官と出会ったのである。彼等がどのような経過を経て知り合ったのかは伝記では明らかにされていない。

この英国外交官で後にヴィタの祖父となるライオネル・サックヴィル＝ウエスト卿は寡黙の人として知られ、非社交的な人間であった。ノール城主となっても、常に来客には背を向け、客の帰り際に鋭い一言を投げかけるというような人柄で、アングロ・サクソン貴族の一つの典型のような人であった。

しかし、謹厳実直そうに見える英国紳士、それも王侯、貴族、高位高官と目される人々が、まるでお門違いの女性と深い関係になり、国を揺るがすスキャンダルを引き起こしてきたのも英国史の一つの伝統である。自分の野望を遂げるためにローマ教会と縁を切ったヘンリー八世、王位を捨て、アメリカ人で離婚歴のあるシンプソン夫人と結婚したエドワード八世、高級コールガールであり、ソ連の大使館員ともいい仲だったキーラー嬢と関係して、六十年代初頭のイギリス政界を震撼させた陸軍大臣プロヒューモ氏。そんな昔話に戻るまでもなく最近では若い王妃を間接的には死に追いやり、古いガールフレンド、カミラ夫人と結婚したチャールズ皇太子（現チャールズ三世）の例など、この種の事件は英国史を探せば枚挙に暇がないほどである。

外交官がロマの踊り子と深い仲になった程度のことは大した出来事ではないと思えるのだが、スペイン・マラガのイギリス領事館の記録には、彼がペピータとの結婚を強行しないように三日間、ホテルの一室に閉じ込められたという記録が残っている。英国領事がこのような高飛車な行動を取った背景には、ペピータがオリヴァとの婚姻関係を正式には解消していない状況下では、重婚の可能性があったこともその理由の一つであろう。

一八六五年五月二十日、ペピータはスペインのブエナ・ビスタにある母親の立派な居宅で、第一子となる男児を出産した。母親のカテリーナは早速この孫の父親はドイツの皇帝であるという、彼女が考え得る限りの誇大な噂を流した。この幼児と召使いをつれ、ペピータは夫ライオネルの任地、ドイツに戻った。

第一子のマックスが三歳になった直後に、ペピータとライオネル夫婦はパリの凱旋門の近くに居を構え、間もなく第二子が誕生した。一八六二年の七月二十三日に生まれたこの女児はヴィクトリア・ジョセファ・ドロレス・カテリーナと命名された。ヴィクトリアというのは英国女王にちなんだものということであるが、このヴィクトリアこそがヴィタの母親となる女性である。

ペピータも踊り子としての人生とは決別し、その後、陸続として生まれた子供達のよき母として暮らすようになっていた。彼女は機嫌のよい時には、自分の子供達を並べて座らせ、その前でカスタネットを打ち鳴らして踊って見せるような母親でもあった。

表面的には非常に幸せな暮らしに見えたペピータだったが、ライオネルとの結婚が正式なものではないということは彼女にとっても大きな心の負担であった。スペインはカトリック教国であり、人々の宗教心も厚かった当時、このような女性と子供は教会に出席を許されていなかった。教会で罪の許しを受ける告解の機会も与えられないことは永遠の救いに与《あずか》れないと当時の人々は固く信じていた。ペピータも旅の僧侶にこのような心の悩みを打ち明けたこともあった。この悩みを解決できないままに、ペピータは夫の不在中、末子の出産時に知人に看取られて亡くなった。

社交家の母ヴィクトリア

ペピータが残した庶子のうち成人したのは五人だが、そのうち三人が女児であった。この娘達は密かにパリの修道院に預けられた。従って彼女達の母語はフランス語ということになった。

長女のヴィクトリアは十七歳に達した時、イギリスの修道院に送られた。これは英語を身につけさせるためであった。僅かその一年後、まだ英語も十分には身につける暇もない時期に、父は英国大使に任命されてワシントンに赴任し、ヴィクトリアも同行することになった。

ヴィクトリアはワシントンの英国大使館で父親を助けるホステス役を務めたが、評判は予想外によく、彼女の美貌に惹かれ求婚者も次々に出現した。その中には米国大統領チェスター・アーサーも含まれていたとのことである。

ヴィクトリアは自分の美貌を十分に認識していたようで、娘のヴィタは母親から「醜い娘」と呼ばれたと書いている。実際にはヴィタもその美貌が多くの女性を惹きつけたのだから、決して醜かったわけではない。ただ、風貌が「男性的」なヴィタに対して、母親の方が女性としての魅力に富んでいたのであろう。

その後、父親ライオネルは職務上の不祥事で大使を罷免されることになったが、絶好のタイミングでノール城を継承することになった。彼は第二代サックヴィル卿として三人の娘達と共に帰国した。ヴィクトリアは帰国後も、一家のホステス（女主人）として職務をうまく取り仕切った。

間もなく父親の甥、自分にとっては従弟である男性で、やがてはノール城の継承者となる五歳年下の第三代ライオネル・サックヴィル卿と結婚し、二年後の一八九二年三月にヴィタが誕生した。母親との混同を避けるために娘はヴィタという名前で呼ばれることになった。ヴィタという名前はヴィクトリアの短縮形である。

ヴィクトリアと三代目ライオネル・サックヴィル卿との仲は、ヴィタの誕生後数年間は円満であった。熱烈な恋愛で結ばれた二人であったが、初めての出産で懲りたこともあって、彼女は夫が望んでいた第二子を産もうとしなかったばかりか、四十二歳の時から夫とは性的な関係も絶ってしまった。当時は現在ほど避妊の知識がなかったこともあり、それが遠因になった可能性は否めないが、ヴィクトリアが気ままであったことも原因の一つであろう。しかし女の子しか産まなかったことは男子相続制の時代にあっては禍根を残すことになった。

ヴィクトリアは母親譲りのラテン気質で、身勝手な女性ではあったが、彼女の実務的な能力、特に経理の才がなければ、この一族は貴族にふさわしい体面を保てるだけの暮らし――六十人にも及ぶ使用人を含めた――を継続できなかったことも事実であった。ノール城は週末の三日は公開されており、上流階級の賓客の受け入れ、弁護士との面会、果ては株式の投資にいたるまでの全てを取り仕切っていたのは妻のヴィクトリアであり、夫は地方の名士としての職務しかこなせない人間であった。しかし当時の英国社会を考えれば、夫の生き方は大土地所有の貴族としては当然のことであったのかも知れない。「ノブレス・オブリージュ」（貴族の義務）という言葉が表すように、貴族は金儲けに繋がらないような仕事をすることこそ階級にふさわしい生き方であるとされていたのである。

一方、ヴィクトリアは普通の妻ならば当然協力するであろうと思われる夫の職務――教育や病院運営の委員会、彼が差配していた西ケント州の自作農組織に関するものなど――には関心が持てなかった。うまく行けば補い合えるように見える性格の持ち主である夫婦なのだが、次第について行けなくなったのは、生来穏和な性格であった夫の方であった。彼は、このラテン民族特有の激しい気性を持ち、支配欲の強い、物質的で、道徳的には信頼の置けない妻と共存しがたく感じるようになっていった。

この女性のおかげで迷惑を被ったのは夫だけではない。父親の老ライオネル卿も、娘のヴィタも同様であった。ヴィタは彼女自身の身に覚えもないことで謝罪させられることも屡々《しばしば》であったようである。しかし娘としては母には理解できる面もあり、母を尊敬もしていた。彼女が既に幼い頃に、母親が気ままで移り気であり、勝手ものであるが憎めないところがあり可愛い人であると語っている事実がそれを証明する。実際に後年、ヴィタがどのような苦境に陥ることがあっても、この母親は必ず娘の味方として手を差しのべた。時にはそれがかえってもめ事を引き起こすという場面もあったが、そのような母の性格をヴィタは見抜いていた。晩年には狂気に陥った母親ではあったが、どんな時でも娘は母親を見捨てることはなかった。

一例を挙げれば、父親の死後、財産分与に当たって弁護士事務所で首に掛けていた大粒の真珠を母親に返すように求められたヴィタが、首飾りから真珠を引きちぎり投げつけるという修羅場もあった。しかし「これまで自分に尽くしてきてくれた母をどうして見捨てることができるだろうか」というのが常にヴィタの結論であった。

妻が自分から遠ざかるにつれて夫ライオネルは、以前からも関係のあったコンスタンス・ハッチというミュージック・ホールで働く女性に次第に心を移していった。この女性はヴィクトリアとは真反対の穏和な性格の女性であった。ヴィクトリアは夫の心が自分に対して次第に冷えていったことを悲しんではいたが、この女性に感謝の手紙まで送っている。妻の務めを果たせていないことにいささか自分を責める気持ちがあったのかもしれない。しかし公式の席上では夫婦で列席し、外観を取り繕っていた様子も窺える。

夫ライオネルが自分から離れていったこの時期に、ヴィクトリアは心の間隙を埋めてくれる存在となるジョン・マレー・スコット卿（通称サーリー）と出会った。十五歳ほど年長の独身であった彼自身は上流階級の生まれではなかったが、非常に裕福な美術品蒐集家、ハートフォード卿リチャード・ウォレスの秘書を長年務めたのち、その人柄を愛されて嗣子《しし》となっていた。莫大な遺産のみならず、アイルランドやサフォーク州にある土地、美術品のぎっしり詰まったパリのマンションの一階全フロアー、かつてはマリー・アントワネットのものであったブローニュの森にある六十エーカーの土地に建つ四阿《あずまや》などの管理を全て任されていた。

サーリーはまるでノール城の主でもあるかのように、死去するまで城に住み着いた。彼はその無垢な人柄故にヴィクトリアの夫、ライオネルからも好意を持たれた。ヴィクトリアはこの不思議な存在の男性に全く頼り切っていて、また彼の方でも彼女に全てを任せっきりという日々の暮らしが生涯続いたのである。ヴィクトリアにとってはこの人物からの物質的な援助がなければノール城の暮らしは成り立たないという事情もあったが、夫以外の男性に頼り切りというしたたかさは、ヴィクトリアの生涯を通して一貫した生き方になっている。

サーリーが管理していたパリのマンションのおかげで、ヴィタ母娘はサーリーの存命中、多数の使用人付きでフランスの滞在を存分に楽しむことができた。

サーリーが受け継いだハートフォード卿リチャード・ウォレスの収集品はウォレス・コレクションとして現在もロンドン市内で一般公開されており、サーリーの胸像もそこで目にすることができる。著者もこのコレクションを拝見したが、雑多な作品をやたら詰め込んだという感じで、二度と見たいとは思わない印象を受けた。

持て余すほどの巨体の持ち主ながらも、睡眠時以外は常に微笑みを絶やさず、周囲の人間を楽しませ、その無垢な人柄故に、サーリーはノール城の全ての人達——ヴィクトリアの夫も含めて——から愛される存在であった。しかしそのサーリーも晩年にはヴィクトリアの勝手な振る舞いにさすがに納得がいかず、遺言書を書き改めると彼女を脅す場面もあった。それはヴィクトリアが経営するロンドン市内のランプシェードを商う店での出来事だったが、その一日後に彼は急逝した。

巨漢サーリーと母親の肉体的な結びつきに関してヴィタは多少の疑義を持ちながらも、その可能性は極めて薄いと踏んでいたようである。彼のような巨躯の人間が誰かと恋に陥ることは想像するだけでもグロテスクであるというのが彼女の推論の論拠であった。

どのような経過でサーリーがそのように莫大な資産を、血も繋がらないヴィクトリアに遺贈したのか、それは常識では理解しがたい。当然の成り行きとして、ヴィクトリアとスコット家との間で激しい法廷闘争が起こった。ヴィクトリアは女性としての魅力を存分に発揮し、関係する裁判官、判事、あらゆる人々を自分の味方につけることに成功した。彼女はこの裁判を果敢に戦い抜いた成果として、それまで苦しんできた財政問題とは生涯縁を切ることができたのである。

この裁判は当時イギリスにおいて大きなニュースになった。サックヴィル卿、ヴィタ、ハロルド、ヴィタの女友達であったロザムンド・グロヴナーが裁判に向かう姿が写真に残されている。勝訴して帰還する彼等の馬車を村人達が出迎えたという記述も残っている。しかしこの裁判に関わった裁判官達がヴィタの結婚式に招待されたことは常識では考えられないことではないだろうか。これがヴィクトリアの差し金によるものであったことは明白であるが、彼女のしたたかさと同時に他人の思惑にはとらわれない、彼女の常識はずれの社交術は見事としか言いようがない。

ヴィタはますます母親の崇拝者となった。この財産争いの結末を伝えるヴィタによる記録文の中の圧巻は、この遺産の一部で高価な（現在ならば数千万円の価値がある）首飾りをヴィタのために購入し、意気揚々とボンド街を闊歩したという記述である。贅沢な暮らし、高価な美術品には目がなかったというヴィクトリアが最も美しく見えた瞬間であろう。ヴィタが違和感を覚えながらも、困難な時には常に自分を支え続けてくれた母親を超えることはできないと感じ、生涯その崇拝者であり続けたことはもっともなことかも知れない。

外交官の夫ハロルド・ニコルソン

一九一〇年六月、十八歳のヴィタは両親と観劇のためロンドンを訪れた際に外交官のハロルドに出会った。「とても若々しく生き生きとして魅力的であった」というのが初対面の時にヴィタがハロルドから受けた第一印象であった。晩餐会では六歳年上の彼は浅黒く、真面目そうに見え、そんな様子をヴィタは気に入ったのだった。

夫となったハロルド・ニコルソンは一八八六年に父の任地先であるテヘランで生まれた。父親のアーサー・ニコルソンはスコットランド系の家系で貴族ではあったものの、カーノック男爵という貴族の階層としてはサックヴィル家とは比ぶべくもない下層貴族であった。しかし彼は職業外交官としては最高位である外務事務次官の地位にまで上り詰めた人であった。母親はダフリン卿夫人の妹でキャサリン・ロウアン・ハミルトンと呼ばれた。ハロルドも伯父に当たるダフリン侯爵に深い敬意を寄せていた。

職業外交官であった父に伴われ、ハロルドはペテルスブルグ、コンスタンチノープル、ソフィア、タンジール、マドリッドなどで子供時代を過ごした後パブリックスクール、ウェリントン・カレッジを経てオックスフォード大学のベリオール・カレッジで学んだ。彼は一九〇九年に当時最難関であった外交官試験に二番の成績で合格し、その翌年に彼はヴィタに出会ったのである。

ヴィタは初めての出会いから四日後にノール城で行われるシェークスピアの仮面劇に彼を誘った。その年に社交界にデビューする令嬢達とプロの出演者がシェークスピア記念劇場基金のために催す行事で、ヴィタは仮面劇『ヴェニスの商人』で主役のポーシャを演じることになっていた。生憎の豪雨で演劇は中止され、屋内の昼食会ということになったが、そのうちの何人かの客はそのまま引き続きノール城に宿泊した。

この行事をきっかけに、ハロルドはその夏中、週末はノール城で過ごすことになった。しかしこれは彼女とハロルドが特別に親密になったからというわけではなかった。ヴィタのように社交界にデビューする若者にはそのような機会を親が設けるのが当時の慣わしであったからである。

その年のデビューは国王エドワード七世が亡くなったこともあって特に雰囲気が暗いものだった。ウェストミンスター寺院で行われた国王の葬儀にヴィタは父親と共に参列した。

当時ヴィタにはイタリア人を含めて何人かの求婚者があったが、彼女の方から興味を抱いたのはハロルドだけであった。一方、ハロルドには当時は親密な女性が存在していた。

一九一一年の夏の間ヴィタは女友達ロザムンドに恋をする。しかしそれはあくまで肉体的にも精神的にも深いものではなかったと伝記は伝えている。

八月にハロルドが休暇で二ヶ月間ノール城に滞在した。帰任の際、彼はヴィタとロザムンドを伴って任地のボローニャまで旅をした。

一九一二年にハロルドはヴィタに求婚した。ヴィタには何人かの求婚者――その中にはヘアウッド侯爵の嗣子、ラッセルズ卿のような資産家、オックスフォードのベリオール・カレッジでハロルドと共に学んだ秀才――もいたが、彼女は自分の直感に従って彼等を退け、ハロルドを選んだのであった。家庭環境、生来の資質、教育、資産などあらゆる点であまりにも相違点の多い二人であったが、なぜだか二人はお互いに心が通うものを感じたようである。ヴィタは彼の聡明さと明朗な性質が特に気に入っていた。

しかしヴィタの母、ヴィクトリアはハロルドが薄給の官吏という理由であまりいい顔をしなかった。海外駐在の英国外交官としての彼の年収は僅か二百五十ポンドであり、彼の両親は上流階級ではあるが資産家ではなかった。更に、ハロルドは長子ではないところから、父親の爵位を継承することはできなかった。自分の期待に沿わない婚約をした二人にヴィクトリアはその事実を他人には伏せておくようにと命じている。

父親のライオネルは日頃からヴィタは自分と似た気質だと感じていたから、娘は周囲が期待するような、彼女の立場にふさわしい選択はしないであろうと予測していた。従ってヴィタがハロルドを選んだことについては予想外という印象は持たなかったようである。

ハロルドの求婚の前日にノール城の主とも言うべきジョン・マレー・スコット卿（サーリー）が死去するという出来事が起こった。彼がその前日に、ヴィクトリアがロンドン市内に経営していた室内装飾の店を訪れ、自分がハロルドに好感を持っていること、二人が結婚するならば、月額百ポンドをヴィタに贈ることを伝えた直後の出来事であった。

ヴィタは結婚に当たって、ハロルドへの手紙の中で自分のロザムンドに対する感情と、密接な関係を正直に述べているが、ハロルドは自分の性病の前歴、コンスタンチノープルの銀行員との同性愛関係などは明らかにはしていない。ヴィタは五十年後に当時のことについてハロルドの責任を追及している。

「あなたは私より年上で、ずっと知識があったのです。私は若くて無知でした。私は同性愛ということについて何も知りませんでした。私はそのようなものが存在することすら知らなかった――男性間にも女性間にも。あなたは私に教えてくれるべきでした。私に警告してくれるべきだったのです……」〔二〕

ハロルドがこれに何も答えていないところが彼らしいところだが、自分に同性愛関係の若い男性がいるという事実をあまり深くは考えていない様子が当時の彼から窺える。彼は本能的にそれが悪いことではないと感じていたか、あるいは同性愛というのは法律違反とされていた時代にあったことで、無視することにしたのかもしれない。いずれにしても自分が同性愛者であることがヴィタに対する気持ちに影響することだとは思っていなかったのであろう。

二人の結婚式はノール城のチャペルで一九一二年十月一日に行われた。ヴィタは二十歳だった。六百個ものウエディング・プレゼントが大ホールに飾られたが、その中でも光り輝いていたのは母ヴィクトリアが贈った宝石類――主にエメラルドとダイアモンドであった――で、それらはショーケースに収められていた。小学校以来の親友、ヴァイオレットもアメジストとダイアモンドの指輪を贈っているが、式には出席しなかった。

レセプションには四人の公爵夫人を含む何百人もの人が出席した。異例であったのは前述したように遺産相続裁判に関わった判事達が全員出席したことであった。更に人々の目に奇異に映ったのは、招待客が退出する際、当然その場に居るべき新郎が図書室で読書をしており、促されて彼を見つけてきた花嫁が犬を先導にしてペアで現れたことだった。この出来事は二人の資質の違いを明示し、列席者達には二人の歩む人生が決して尋常なものではないであろうと予感させたのではないだろうか。

一九一四年八月、ヴィタは長男ベネディクト（ベン）を出産した。教父母《きょうふぼ》（洗礼の立会人）の選定を巡ってヴィクトリアは騒ぎ立てた。彼女は未だに娘が自分の所有物であるという意識を捨て切れていなかった。

次の年にヴィタとハロルドの夫妻は、ノール城から二マイル離れたところにあるチューダー様式のコテージ、ロング・バーンを購入した。当時は土地と建物を含めて二千五百ポンドであった。

ここで新たに彼等の住居となった建物は、増設した納屋部分に長辺が五十フィート（約十五メートル）ある居間と、ハロルドの書斎、客室が設けられ、完成時には七つの寝室、四つのバスルームが造られた。家具はノール城から運んできたものであったが、ヴィタの関心はハロルドのことと庭の植物に注がれ、家具類には殆ど興味を示していない。当時二十三歳のヴィタは、権力を振るっていた母親からやっと独立した若い母親として人生で最も幸せな時期であった。

彼等がコテージと呼んだこの建物は、実際には彼等の住まいであったが、この家に住むようになったのは、ヴィタを含めた家族三人と、使用人数名である。次

ハロルド・ニコルソンの書斎。窓際にタイプライター

ハロルドのベッド

ヴィタの寝室から見えるコテージ・ガーデン

の年に彼等はロンドン、エベリー・ストリートに借りていた家も購入している。

当時、貴族階級の人々の典型的な暮らし方は、田舎に広大な敷地の屋敷を持ち、春から秋のシーズンは、人々を招待して園遊会や狐狩りなどを通じて自然に親しみ、冬の時期には、ロンドンの邸宅で社交を行うというスタイルが一般的であった。しかしニコルソン夫妻の場合、ロンドンの建物は実際にはハロルドの仕事場として使われており、ノール城で過ごす冬の週末を除いては、彼等の生活の本拠はあくまでロング・バーンであった。

一九一五年の十一月、ヴィタは第二子を死産した。ロンドンに滞在していたハロルドは多忙で、週末にロング・バーンに帰宅することも少なかった。ヴィタと精神的に通じるものがあった父のサックヴィル卿は第一次大戦に参戦中で、連隊を率いてダーダネルス海峡に出かけており、ヴィタは一人でこの悲劇に耐えなければならなかった。彼女がこのショックから立ち直るまでにしばらくの時を必要としたが、その後夫婦の絆は深まり、長男のベンを囲んで幸せな時を過ごすようになった。

ヴィタはその後、第三子をすぐに身ごもり一九一七年一月十九日に次男ナイジェルを出産した。この頃にハロルドは自分の性病が再発していることに気づき、医者の助言でこのことをヴィタに告げている。この過程でハロルドは自分の過去の種々の性交渉――特に同性との――などについて初めて話した。ヴィタはかなりの衝撃を受けたのであろう、一人でオックスフォードに行くなどの行動をとっている。

ハロルドが生涯に亘ってヴィタの行動に対し超人的な忍耐を示した背景には、自分の過去に対する贖罪の気持ちがあったのではないかという意見もあるが、彼は生来、優柔不断にも見えるほどの穏和な気質であった。更に当時としては最高学府に学んだエリートとして高い知性がその人柄――特に抑制が効くという点で――に磨きをかけたのであろう。彼は、ヴィタとのもめ事があった場合は相手を説き伏せるのではなく、相手が自身で納得するまで忍耐強く待つという解決法を取るのが常であった。いわば、そのような結果を予測して「鳴くまで待つ」という粘り強さを示すのである。彼のこのような態度が、時には優柔不断に見え、「女性的」であるといわれる所以ともなったことは想像に難くない。

ハロルドは一九一八年一月に病気が完治した後も、かなり長期に亘って妻との接触を避けるようにと医者に助言された。その上、彼は多忙な公務とロンドン在住という事情もあり、この知らせをロング・バーンの自宅にいるヴィタに直接にではなく、手紙で知らせた。実は、その手紙が届く二日前に妻は全く別人と化しており、それまで平穏無事に過ごしてきた彼らの幸せな家庭生活も終わりを告げることになった。

一九一九年の七月、ハロルドは第一次世界大戦終了後の講和会議に首相ロイド・ジョージを補佐するためにパリに滞在していた。しかし彼が戻った時にヴィタの姿はロング・バーンから消えていた。妻は親密な関係にあった女友達のヴァイオレット・ケッペルと駆け落ちしていたのである。

皇太子とアリス・ケッペル

ヴァイオレット・ケッペルの母アリスはエドワード朝の有名人だった。

アリスと夫であるケッペル大佐は、美しい容貌、貴族の出身という家柄に加えて、貧しいという共通の背景を共有していた。従って貴族の体面を保つためには、両者共に裕福な伴侶を見つける必要があった。それにも拘わらず、彼らは出会ってすぐに恋に落ち、当時の貴族としては、いわば分別のない結婚をしたのだった。

そのため、その後ケッペル夫人がエドワード皇太子（後のエドワード七世）の愛人になったことは、当時の時代背景、英国貴族の暮らしぶりを考え合わせると一種の必然性があったと考えられる。

ケッペル夫妻の生き方について「夫婦共に金には興味がなく、ケッペル夫人はどんな状況下でも金に卑しくなることはなかった」と記している伝記もあるが、これとは全く対照的な意見を述べている作家もある。この点についてはどちらの意見にもそれぞれの真実があるのであろう。後者は「ケッペル夫人は野心家で、彼女は甘い金の香りを鋭く嗅ぎつけた」〔三〕と極めて厳しく決めつけており、次女のソニアの言葉、「母は生涯、銀行家には魅力ある存在でした」がそのあたりの事情を物語っていると指摘している。

ヴァイオレットの母であるアリス・ケッペルが時の皇太子エドワードの愛人であったということは、現代の道徳律とはいささか異なっているのだが、当時の英国社会では特に不道徳的なことではなかった。当時は社会の規範とか価値基準は所属階級によっても全く違っていたのである。上流階級では裕福であることが必要条件であり、既婚者間の情事は大目に見られていた。田舎にある貴族の館で宿泊する際に、好意を持ち合っている既婚者同士を隣り合う部屋に宿泊させる意図で部屋割りするのがホストの当然の役目ともされていた時代でもあった。ノール城でそのような機会がある場合は、ヴィタがその部屋割りを宿泊者に知らせる役目を担っていたことも彼女の伝記に記されている。

従ってケッペル夫妻の場合、夫婦共通の目標――自分達の必要とする経済的安定を得ること――を達成できるなら、たとえ相手が皇太子であろうとそれ以外の人物であろうと、夫が妻の情事に目をつぶり、妻が愛人の子供を出産することは可能だったのであろう。ケッペル大佐は妻が王の寵愛を受けていることについて感情を露わにすることはなく、王に対しては常に友人の尊敬を持ち続け、妻もまた夫の名誉を損なうことはなかったとある伝記には誠に麗しく書かれている。

ケッペル夫妻が当時所属していた社交界は、ロンドンのマールボロー・ハウスを本拠に、ヴィクトリア女王の息子である皇太子エドワードの意のままに動いていた。この社交界で最も魅力的な人物の一人が銀行家の一族であるウイリアム・ベケットという人物であった。彼は皇太子の後を追って、次から次へと女性を追いかける暮らしをしていたが、その一人がケッペル夫人であったといわれている。ヴィタの生涯を詳細に記録した伝記、『ヴィタ』の著者、ヴィクトリア・グレンデニングがヴィタから直接聞いた話では、この男性がヴァイオレットの父親であろうということである。また、時代考証から言っても、ヴァイオレットがエドワード王の血を引いているということは幻想にすぎないとも述べている。

夫のケッペル大佐は妻がベケットの子供を産むことを条件付きで許可した。その条件とは彼女が自分の子供も産むということであった。そして一九〇〇年に生まれたのが次女のソニアである。ソニアはあらゆる角度からみて、ケッペル家の血を受け継いでいるのは明白であったとされている。

ケッペル夫人が皇太子に初めて出会ったのは一八九八年の競馬の時であったということである。この競馬場での出会いは、チャールズ皇太子が再婚相手のカミラ・ボウルズ夫人と初めて出会った場面を彷彿とさせる。カミラ王妃の曾祖母がケッペル夫人であり、次女のソニアが祖母であることを知れば血は争えないという印象を受ける。報道されたところによれば、カミラ王妃は競馬場でチャールズ皇太子に出会った際に、自分から名乗り出て、曽祖母がエドワード王と親密な関係にあったことに言及したということである。この遭遇は偶然というより彼女の演出によるものかも知れない。

初対面から四年後に皇太子が王位につきエドワード八世になると、ケッペル夫人の宮廷での地位は最高位に達した。エドワード王の三人目の、そして最後の愛妾となったケッペル夫人は敵対する人々からも助力を求められるような人で、彼女がいれば王の不興も収まったということである。

彼女は時には財務大臣の依頼を受けて、エドワード王に助言をしたほどの存在であった。外務大臣の席にあったハーディングス卿が彼女の国家に対する忠誠心と思慮とに感謝の意を表したこともあったという。

一八九四年六月六日に生まれたヴァイオレットにとって父親は常に端役の存在であったが、彼女のよき友であり、しかも友人の最もよい部分を見て、決して人の批評をしないタイプの人であった。ヴァイオレットは母に対しては生涯、まるで少女のような態度で接した。娘から見れば彼女は人を幸せにする才能を持っており、悪意を抱いたことのない人であった。ケッペル家においてもサックヴィル家と同様に、娘に最も大きな影響を与えたのはそれぞれの「偉大な母」であった。

一九一〇年に国王エドワード七世が死去した。王妃アレキサンドラは密かにケッペル夫人を呼び、王に別れを告げる機会を与えた。それほどにケッペル夫人が果たした役割には無視できないものがあったのであろう。もっとも王妃は退出するケッペル夫人の後ろ姿に向かい大声で罵ったという説もある。とにかくそれ以後、ケッペル夫人は公式の場から一切身を引き二年間を外国で過ごした。彼女が祖国に戻った四十三歳の時には、彼女の髪は総白髪と化していたという。身を隠している間、彼女はインド、セイロンに旅をし、現地でトーマス・リプトン卿の庇護を受けたとされている。

ヴァイオレットとの出会い

ヴァイオレット・ケッペルは幼時から並外れて美しい少女であった。仮装大会でバッカスの巫女のコスチュームを着けた彼女は、両親の男友達を何人も振り向かせるほどであった。ケッペル夫人はご自慢のこの美しい娘をいつでも手元に置きたがった。彼女は美しいばかりかウイットもあり、物事への反応も素早かった。

王も彼女をあがめて彼女へのメモに「王ちゃま」（Kingy）とサインした。このKingy というサインは彼女ら姉妹にとって王のニックネームとなった。ヴァイオレットはエドワード王と母との特別な関係を早くから理解していたようである。自宅の前に「王ちゃま」が乗ってきた御者付きの箱馬車が止まっている時には、母の部屋に近づかないようにと教えられてもいた。

ヴァイオレットが自分と似通った境遇に育ったヴィタに出会ったのは、一九〇四年にロンドンの私立小学校に通うようになっていたからであった。当時ヴィタは十二歳、ヴァイオレットは十歳であった。翌年、二人は運命的な出会いを果たす。その瞬間、祖先達の魔力に捕らわれたように感じた。二人を取り囲んでいる環境は、英国の歴史そのものであり、彼女らもその登場人物であることを意識した。

ヴィタはロンドンにあるケッペル家の邸宅に招かれるようになり、エドワード王と食事を共にしたこともあったから、その感を更に深めていったであろう。

ヴァイオレットはヴィタとの初対面の印象を「……背が高く、内気で、母親のお古かと思えるような服を着た……」〔三〕と表現している。確かにヴィタは生涯を通して服装の趣味が良いとは言えなかった。しかしこれを初対面で見抜いた幼いヴァイオレットの年齢に似合わぬ鑑識眼には驚かされる。幼い時から上流階級の人々と接してきた彼女にはヴィタのような創作活動は一切見られなかったが、周囲の人々に対する鑑識眼はヴィタよりもずっと鋭いものがあった。

初対面の出会いで、ヴィタはケントにある壮大な邸宅、庭を駆け巡る犬や芝生で遊ぶ兎について語ったが、ヴァイオレットが語るパリの話にはあまり興味を持てなかった。

ヴァイオレットは後年フランスで暮らし、親しい友人の間では、彼女は非常に溌剌とした会話の名手として知られていた。ポール・ヴァレリー、ジャン・コクトーなど一九二〇年代に芸術の世界で名を残した人々をも惹きつけて飽きさせることはなかったと記録されている。幼い時から既にその片鱗を覗かせていた。当時のヴァイオレットに対するヴィタの感想は、彼女がずっと大人びていることと甘やかされていることであった。そしてヴィタは友人ができたことに感激して、「お友達ができた」という詩を作ってバスタブの中で口ずさんだと述べている。この頃からヴィタは詩を作ることに喜びを感じていたことをこのエピソードは伝えている。

二人はこれを機に、お互いに敬意を持ち、手紙を交換するようになった。早熟な少女達は当時から既に将来の運命を予感させるものがあり、幾つかの共通点を持っていた。例えば、二人ともフランス通であった。また権力を振るう母親――母親二人の性格に関してはあまり共通点を見いだすことはできないが――が存在した。

ヴィタとヴァイオレットの二人は出会って十四年後に英国の社交史を揺るがすほどの情事を巻き起こすことになった。

第二章　ヴァージニア・ウルフとの交流

ブルームズベリー・グループ

ヴァイオレットとの騒動が収まった二年後、一九二二年十二月にヴィタはヴァージニア・ウルフと初めて顔を合わせた。それはヴァージニアの姉のヴァネッサの夫、クライヴ・ベルとの食事会の席上であった。これはヴィタにとって、当時かなり有名になっていたブルームズベリー・グループ〔四〕との初めての出会いでもあった。

ブルームズベリー・グループはヴァネッサやヴァージニアの父である著名な文芸批評家レズリー・スティーヴンの四人の子供達を中心に、上層中流階級出身の芸術家、知識人達によって構成されていた。彼等は、十九世紀の道徳観念を批判し、自由で、芸術的、知的な二十世紀の文化を創造しようと、既成概念にとらわれない人間らしい生き方を追求していた。しかし世間一般の人々が注目したのは、彼等の革新的な芸術、学術的活動だけではない。彼等の人間関係の複雑さ、特に彼等の入り組んだ同性愛関係が世間の耳目を集めていた。

初対面で興味をそそられたのはヴィタよりもヴァージニアの方であった。ヴァージニアはヴィタが同性愛者であることをすぐに見抜いた。

彼女はヴィタのことを「才能に恵まれた、魅力的な貴族で、貴族的な柔和な優しさを持っているが、芸術家的な才気は見られない」と記している。

「彼女はおかしかったかい？」とハロルドが帰宅したヴィタに尋ねたことが記録されている。ヴァージニアが精神不安定な状態であることは当時、既に周知のことだったのであろう。次の会合にはハロルドも出席したが、グループのメンバー達からのニコルソン夫妻に対する評価はあまり高いものではなかった。ブルームズベリー・グループの人々とニコルソン夫妻とは社会階層、知的興味、活動分野などでも大きく異なっていたからこれは当然のこととも言える。特に、若き芸術家達にとってハロルドのような官僚は最も肌が合わない人種であった。

ハロルド自身は一種の知的貴族ともいう自負から、その点で自分より劣っていると思える人達に対しては常に見下す態度を取る人であった。その当の本人がこのブルームズベリー・グループという知的エリート達から当初は無視されたとは、彼自身感じていたかどうかは疑問であるにしても、皮肉なことではある。

後になって、ハロルドはパリ講和会議で敗戦国ドイツに対して自分と同じスタンスをとるイギリス政府代表団の一員であった経済学者メイナード・ケインズや政治評論家でもあったレナード・ウルフには親近感を持つようになっている。

交際が始まった当初から、ヴァージニアがヴィタの作家としての能力や知性に疑いを持っていたことは明らかであるが、女性としてのヴィタの美しさに惹かれ、幻想を抱いた。ヴィタも既に何冊かのベスト・セラー作品を出版していたのにも拘わらず、自分が知的、芸術的にはヴァージニアには及ばないことを常に意識させられた。一九二四年にヴィタの『エクアドルの誘惑者』、ヴァージニアの『ダロウェイ夫人』の書評が時を同じくしてニューヨーク・イヴニング・ポストに掲載されるという出来事もあった。

当時はヴィタの方が一般の読者には人気があった。いつの時代にも文学的に優れた作品が必ずしも一般の読者に受けるとは限らないのが現実である。ヴァージニアの純文学作品が多くの読者を期待できないのに対して、ヴィタはどちらかと言えば、大衆作家的存在であり、有名人でもあったから彼女が大衆受けしたのは当然のことであったろう。

出会いの早い時期からヴァージニアがその鋭い感性と分析力でヴィタの中に見たものは一種の疎外感であり、心の奥深くに潜んでいる闇の存在であった。ヴィタの中に何か響かないものがあること、それが彼女の書くものにも表れていることをヴァージニアは鋭く指摘した。これをヴァージニアは「心の奥の透明な部分」と呼んでいる。このヴァージニアの批評家的分析に関して、ヴィタもハロルドへの手紙の中で、それが自分の作品、詩、人間関係などを駄目にしているのだと自ら認めている。しかしその一方で、そのことはあまり気にしていないとも述べており、その受け止め方にヴィタの繊細さと、鈍感さにも通じる一種の強靭とも呼べるような不思議なものの共存が見えている。

二人が出会った当時からヴァージニアは健康状態が悪く、ヴィタは心から心配して彼女を見舞うこともあった。交際が深まるにつれて、ヴァージニアはヴィタの貴族的な雰囲気、優しさにますます心打たれ、心を許すようになっていった。

ヴァージニアは頭脳と洞察力では自分が優れているが、社交的なマナー、家事能力、母性――自分の子供達に対してヴィタは少々冷たいが――立ち居振る舞い、脚の美しさではヴィタが優っているという思いを更に深めていった。ヴァージニアがヴィタに求めたのは、他の親しい人々に求めたのと同様に、母親のような保護者的愛情であった。

ヴァージニアはロング・バーンを初めて訪れ二日ほど共に過ごした。その後、テヘランの夫の許へ行く旅支度をするヴィタに付き合ってセヴン・オークスの町に買い物に出かけた。この時、ヴァージニアは自分の前を歩くヴィタの脚の美しさに見とれたことが記録されている。実際、ヴィタは長身であることもあって、その歩く姿はまさに「闊歩する」(stride)という表現がぴったりであることをヴァージニアの夫、レナードも認めている。ヴィタ自身も脚の美しさを意識してか、スカートよりズボンを好み、編み上げになった長靴を履いた姿は彼女のトレード・マークでもあった。

ヴィタはハロルドの心配を思いやって、ヴァージニアは心の友であると、手紙を送った。しかしこれまでも何度か同性愛関係から他人の家庭を破壊する遠因を作ってきたヴィタの過去を考えて、ハロルドが危惧したのは当然かも知れなかった。そしてハロルドの心配した通りに二人は次第に友人以上の深い関係になっていった。

生来、病的とも言える繊細な神経を持っていたヴァージニアは夫のレナードとも性交渉を持たなかったほど、他人との接触については異常に敏感で、他人、特に異性との親密な身体的接触を怖れていた。その原因の一つには、幼い時に異母兄から受けた性的虐待が心の傷になっていたという意見もある。レナードは彼女の全てを理解した上で結婚したのであった。実際にレナードはヴァージニアにとって単なる伴侶という以上に保護者のような存在であった。妻がロング・バーンを訪問した際にも、「夜は十一時までに就寝させるように」とヴィタに書き送り、帰宅時には、彼女をセヴン・オークスの町まで出迎えるなどの優しい配慮を見せている。

『オーランドー』

一九二七年一月半ばにヴァージニアはヴィタと共にノール城を訪問し、そこでの暮らしの中にエリザベス朝の残影を見たと述べている。この後、ヴィタはハロルドの任地テヘランへと旅立ち、途上、モスクワで人々が氷結した川を道路のように渡っている様子などをヴァージニアに書き送った。これがヴァージニアの想像力をかき立てて、後に『オーランドー』を書かせる原動力の一つともなった。氷に覆われた世界でロシアの姫君サーシャと出会い、また彼女の船が洪水で沖に流されてしまう場面は、明らかにヴィタの手紙にヒントを得ている。

ヴィタがテヘランに着いて一週間も経たないうちに、ヴィタの詩集『国土』(The Land) のホーソーンデン賞の受賞が決まった。この賞は過去一年間に出版された若手作家による想像力溢れる文学作品を対象としている。ヴィタはハロルドと共にテヘランからロンドンに戻り、授賞式に出席した。この式には、ヴァージニア夫妻も列席した。しかし、他の評論家の酷評に傷ついたヴィタを慰めながらも、ヴァージニアはこの作品そのものについては、厳しい比評をするという二律背反の不思議な態度を示した。その夜、傷ついたヴィタが泣いたことが記録されている。

ヴァージニアが出会った最初からヴィタの詩才、知性に疑念を抱いていたことは既に述べたとおりである。ヴァージニアは文芸評論家であった父親の資質を受け継ぎ、ヴィタの本質を見抜いていたのであろう。ヴィタの詩には創造的なものがないこと、彼女の作品の個性的に見える部分は結局、彼女がノール城で過ごした時代に受け継いだものにすぎないこと、それは単に十六世紀のものがエドワード朝に形を変えただけのものであると考えていたようである。

名作『オーランドー』ではそのヴィタの姿は両性具有の主人公に投影されて描かれ、望んでも手が届かないミューズの神を追い求めている彼女の姿が、やや揶揄した形で描かれている。

執筆に当たってヴァージニアはヴィタにヴァイオレットのこと、彼女を取り巻いていた人々のことについて詳しく話を聞いた。ノール城を二人で訪れ、オーランドーにふさわしい画像を選んだりもした。また男性に変貌したオーランドーの写真を撮影するためにロンドンに出かけるなど、二人で過ごす時間が次第に増えた。『オーランドー』にはロマの血を受けた祖母ペピータ、ヴァイオレットとの逃避行、トルコでの暮らし、その他ヴィタを取り巻く人々や暮らしが色濃く投影されている。

ヴィタはこの作品でヴァージニアが新しい形のナルシシズムを創り出したと考

えているが、ヴァージニアはこの小説で新しいヴィタ像を創出したばかりでなく、当時の前衛的な作家——特にジェームス・ジョイスの「意識の流れ」と呼ばれる小説技法に挑戦を試みてもいる。更に、ヴァージニアはこの作品で著名な文芸評論家であった父親、レズリー・スティーヴンの「伝記」を書く仕事に革命的な挑戦をしているという意見もある。

ヴィタの予想や理解を超えて、ヴァージニアはこの幻想的な芸術作品によってヴィタ自身では決して果たし得なかった形でノール城の神話や伝説を永遠のものとし、「両性具有者」ヴィタの姿を文学史に刻み込んだのである。ハロルドが、これは文学における最も長い恋文のようなものであると分析したことも、この作品のもう一つの微妙な本質を言い当てている。

出版に当たってヴィタがヴァージニアに求めた唯一の条件は、作品が彼女に献呈されるということだけであった。

ヴァージニアの自裁

食料品等が不足し英国民の生活が日々逼迫していた第二次大戦中、ヴィタは物質的にもヴァージニアを支え続けていた。そのヴァージニアが一九四一年三月二十八日に自殺するという出来事が起こった。ヴァージニアは夫レナードの目をかいくぐるようにして自宅のそばを流れるウーズ川に二度目の入水を試み、今回は自分の思いを遂げたのであった。

夫レナードはヴィタに『ダロウェイ夫人』と『コモン・リーダー』の手書き原稿の一部を渡した。更に六月には彼女の最後の作品である『幕間』の初版も贈った。この作品は『オーランドー』がヴィタへの恋文であったように、登場人物のマンレイザ夫人にヴィタが色濃く投影されていると考えられている。ここには彼女にだけ通じる暗号が使用され、愛、憎しみ、背信、怖れ、そして死といったことに関するメッセージが彼女だけに宛てて暗号で記されているとされたが、当のヴィタにもそれは解読することはできなかった。あるいはヴィタが解読できていた事実を故意に伏せたのかも知れないとも考えられている。

後に彼女はヴァージニアの手紙を読み返し、彼女に対する理解不足を改めて認識し、彼女を支える努力が十分でなかったことを深く悔やんだ。

第二部　ヴィタの庭造り

第一章　庭造りの原点ノール城

生涯に二つの庭、ロング・バーンの庭とシシングハースト・カースル・ガーデンを造ったヴィタの庭造りの原点は、出生したノール城にあることは明らかである。女性であるためにノール城を継承することができなかったヴィタは、一生をかけてノールを失ったこととの折り合いをつけたのであり、シシングハーストはその代償物であるといわれている。ノール城の庭を駆け巡って育った彼女には庭に咲く花々の香り、緑陰を吹き抜ける薫風はその体内に深く染みこんでいたことであろう。

一九三〇年にシシングハーストの城趾を手に入れ、その再建、特に庭造りに注ぎ込んだ彼女の情熱は尋常なものではなかった。まだ何も植わっていない城跡の古い煉瓦塀の傍らで鍬を振るう彼女の姿が残されている。深窓の令嬢として生まれ、外交官の夫人として安穏な生涯を享受してもいい人が、晩年には手指どころか背中の激しい痛みにも悩まされたのは、長年に亘る激しい肉体労働の結果であることも推察に難くない。

彼女の時代には、庭造りは依然として貴族文化の一端であり、立派な居宅とそれにふさわしい庭園を持つことは、上流階級、とりわけ貴族階級の人々にとっては当然のこととも言えた。しかし彼女のように庭造りを人に任せず、のめり込んだ人物は類をみない。

植物、とりわけ花を見る彼女の目には、独特の美意識や価値観が表れている。天国のようなアルプス山中の自然庭園で見かけたリンドウや、イタリアの聖堂で目にした殉教者の血の滴りを思わせるような濃紅のバラに寄せる深い思いには、幼い時から歴史や文学に親しんできた家族の伝統と、彼女の「詩人」としての資質を感じさせるものがある。また、自分が美しいと感じるものだけを自分の身近なところに置きたいという強烈な渇望は我々を圧倒する。

ヴィタはどのようにして、「英国で最も人々に愛される庭」という構想を育み、実現していったのであろうか。その過程を、彼女の庭造りの原風景があるノール城の庭から辿ることにする。

サックヴィル一族がノール城に住み始めたのは一六〇三年であるが、それ以前からこの城には二十六エーカー[五]の土地が石灰岩の塀で囲い込まれていた。財務大臣であった初代城主トマス・サックヴィルは城内の二百軒にも及ぶ所帯を賄うために城内の庭にハーブ類――ローズマリー、ミント、タイム――、野菜、花卉類――ダマスク、ムスク、スイート・ブライアーなどのバラ類、菫、アラセイトウ、ハニーサックル――、果樹類――カリン、マルメロ、サクランボ、リンゴ、梨――などに加えてライム、ビャクシンといった樹木類を植えさせた。

一七〇六年からは、ノール城の庭についての記録が残されている。当時、庭の管理に当たっていたのは庭師リチャード・ベイカーで、彼の報酬は年額三十ポンドであった。

一七一〇～十一年にかけてはロンドンに住んでいたトマス・エイカーなる人物が三百九十六ポンドで造園を請け負い、現在の庭園の原形を造った。一七一五年に出版された『図解　ブリタニア』にはこの当時の庭園が図示されているが、この図解に残されているノール城のデザインは一九六〇年に空撮された庭園の写真と比較しても殆ど変わりがない。大きく変化したのは植え込まれた樹木が見事に生長したということくらいであろう。現在ノール城を取り囲んでいるディア・パーク（鹿の公園）の巨木もその当時に植えられた木々が生長したものだと推察できる。

ノール城が初期のデザインを変えることなく現代まで存続したことは歴代の城主達に負うところが大きい。特に、第三代侯爵ジョン・フレデリックはノール城を自分が受け継いだままに保つことに腐心した。さもなければ、彼と同時代人であったケイパビリティ・ブラウン〔六〕のような、当時としては先進的な造園家の手によって、庭がその原形をとどめぬほどに変えられてしまっていた可能性がある。

フレデリックはジオネッタ・バッチェリという女性と結婚したが、彼女はノール城に美しい音楽と、美しい木々を持ち込んだと伝えられている。この時代からノール城の記録は更に詳しいものとなっている。それによると、七人の庭師が六日間九シリングで雇われたこと、肥料はセヴン・オークスから、花の苗はハマー・スミスから購入したことなどが記録されている。

聡明で期待されていた第四代侯爵が狩猟中の事故で亡くなり、城は彼の姉妹、メアリーとエリザベスが一時的に継承した。一八六四年にエリザベスが亡くなり、彼女の息子、初代サックヴィル卿が城主となった。続いて一八八八年には彼の弟のライオネルが継承することになったが、この人物がヴィタの祖父に当たる人物である。

ヴィタはノール城で過ごした子供時代から自分の庭を持っていた。それが当時のいわば伝統であったが、彼女は「草は生長が早すぎ、花は遅すぎる」として気に入らなかった。また、彼女がほったらかしにしていた庭を庭師が手入れするために、彼女にはそれがとても自分の庭であるとは思えなかったと述べている。

当時の主任庭師（ヘッド・ガーデナー）は、彼女にとってはとても恐ろしい存在で、かぎ鼻、鋭い目つき、黒いひげという彼の風貌からも、また彼の権力という点からも、とても親しめる存在ではなかった。しかし庭師の立場から考えれば、勝手に花を摘み、果物を取って食べる野生児のような少女は、たとえ城主の娘であろうと大きな害虫のような存在であったろう。また、ヴィタにすれば、本当の自分の庭、自分の自由になる庭への願望はこの時期に知らず知らずのうちに醸成されたのかも知れない。そして、イチイのかぐわしい小道、ハニーサックルの甘い香りもノール城で過ごした日々に既に身に染みこんでいたのであろう。

第二章　ロング・バーンの庭園

バラへの愛着

ヴィタは長男ベンが誕生した翌年、一九一五年にケント州、ウイールドにあるロング・バーン（長い納屋）と呼ばれる家が売りに出されているのを見つけた。ノール城とは僅か二マイルほどの距離であった。ヴィタは夫と母ヴィクトリアの同意を得てこの土地と建物を二千五百ポンドで購入した。この敷地に最初から存在していた建物は十四世紀のもので、ウイリアム・キャクストン――イギリス最初の印刷業者といわれる――の生家であるという伝説もある。彼等が改造した時にこの古い塗り壁の中から一三六〇年鋳造の貨幣が見つかった。

一年後、近くの農家から納屋を譲り受けて増設したが、これは十六世紀の典型的な建物で、垂直な小屋形式であった。この増設によって、彼等の住まいはL字型の家になり、庭はそのLで囲まれた煉瓦敷きのテラス部分に焦点が集まるような構成になった。テラス式の庭からは地面が前方の牧草地まで緩やかな坂になって下り、ウイールド地方特有の林が点在する景色が前方に広がっていた。その後、母親のヴィクトリアが隣接の農場を買い与えたことによって、敷地は広がった。

ヴィタはこの庭園の庭師として、最初はウイリアム・クーパーを、一九二五年にはバーンズを雇った。後者についてはその費用をヴィクトリアが支払った。庭師を雇ったことでヴィタは「粘土と闘わなくてよくなった」という感想を述べているが、これはこのウイールド地方の土質を物語ると同時に、それまでの彼女の奮闘ぶりを語っている。


彼女が庭造りの計画を立てたのは主にベッドの中であった。いつどんな風にライラックを植えるか、タイム、セダム、ユキノシタはどうすればよいのか、蔓バラはどんな種類にするかというようなことをノートに書きとめながらプランを立てた。園芸店からカタログを取り寄せ、自分でも近くの園芸店巡りをした。

詩人らしく出典に当たって、詩人が詩に詠んでいる花々を植えた――バラ、水仙、アヤメ、ニオイアラセイトウ、クロタネソウ、ルリチサ、ラヴェンダー、ストック、オダマキ、芥子、タチアオイ等々がロング・バーンのための最初の買い物リストに含まれている。

彼女は、最初に蔓性の植物を家の外壁に這わせることに取り組んだ。そのために最初に選ばれたのはクレマチス、四季咲きのバラであった。ヴィタは庭造りの当初からバラには特別の愛着を示しているが、そのバラに対する関心がさらに深まったのはガートルード・ジーキルの庭園を訪れて以後である。

ガートルード・ジーキルとエドウィン・ラチェンズとの交流［七］

一九一七年にヴィタは母親と共に、「マンステッド・ウッドの魔法の天国」と呼ばれたジーキルの庭園を訪れている。このサリー州のゴダルミンにある彼女の住居はエドウィン・ラチェンズが彼女のために建てたものであるが、彼はそれまでにも既に建物と植栽の結合を重視するジーキルと組んで幾つかの仕事を行っていた。

一方、夫のハロルドもヴィタの母親ヴィクトリアがヒル・ストリートに購入した家を改築する際にエドウィン・ラチェンズと知り合いになっていた。ハロルド自身も外交官になっていなければ建築家になりたかったという人間である。

ラチェンズとは共鳴するものがあったらしい。ラチェンズは当時、植民地の総督府の庭という規模の大きな設計を考える中で、庭園設計について彼独自の哲学――庭園には美しく表現された中心理念がなければならない――に到達していた。

彼はその他の部分、壁、道、花壇、石などはこの中心理念に対しては相対的な価値しかないという考えを試しているところであった。

一方、彼の仕事上のパートナーとなったジーキルは、建物と植栽の結合ということを彼とは違う立場から考えてそれを実践してきた人物であった。

カラー・スキーム(色彩設計)という配色理論で庭園史上に画期的な足跡を残したガートルード・ジーキルは、ヴィタ母娘が訪れた当時七十四歳で、既に晩年にあった。彼女はラチェンズ同様、造園に興味を持つ若いヴィタに尊敬の念を示した。当時母親ヴィクトリアはラチェンズと情熱的な関係にあり、自分が取り残されたくない気持ちから、ヴィタを伴ってマンステッドを訪れたのである。母親は娘が庭造りに夢中になることは、淑女の趣味にふさわしいと奨励し、援助をしていた。

ラチェンズは後にロング・バーンを訪れ、ヴィタの庭造りを見て「売り払いなさい」と助言し、ヴィタを仰天させた。一九二五年にラチェンズの設計でロング・バーンにはオランダ式庭園が生まれることになったが、母親のヴィクトリアは気前よく六百ポンドを支払った。しかしその後、ラチェンズがこの庭を訪れることはなく、庭園は次第にヴィタ風になっていった。

ロング・バーンとニコルソン夫妻

ヴァイオレットとの駆け落ち事件が結末を迎え、ヴィタがロング・バーンに戻ったのは一九二〇年二月のことである。彼女は、この年の七月二十三日にある原稿の執筆に取りかかっている。これが後に出版され、映画化もされて、話題を呼んだ『ある結婚の肖像』である。しかしこの原稿が出版されたのは、彼女の死後になってからのことである。作家である次男のナイジェルが鍵のかかった鞄を切り開いて見つけた原稿に、加筆し出版した。

この作品で明らかにされた生涯の大事件――ヴァイオレットとの駆け落ちとそれに伴って引き起こされた人間関係――ハロルド、ヴィクトリア、二人の子供、ケッペル家の人達、新しく親密になったドロシー・ウエルズレーなど――の縺《もつ》れが完全に沈静化するには、事件が決着を見てから更に一年の歳月を要したことが分かるが、どんな時期にあっても、ヴィタの心を静めてくれたのはロング・バーンの庭であった。

結局のところ、ニコルソン夫妻にとってロング・バーンはどういう意味があったのであろうか。

ヴィタが後にシシングハーストに費やしたほどのエネルギーをこの庭に費やしたとは想像しにくい。それはこの時期に彼女には新しい家庭の建設、ヴァイオレットとの逃避行、そこから派生した複雑な人間関係などあまりにも大きな出来事があり、それらがかなりのエネルギーをヴィタから奪っていたであろうと想像できるからである。

しかしながらヴィタの人生で最も波乱に富んだ二年に及ぶこの歳月——二十代終わりから三十歳頃にかけて——で、ヴィタが自分の気持ちを静め、ハロルドが思索に耽ったのは常にロング・バーンにおいてであった。他の絆は切れることがあっても、ロング・バーンはいつも二人を繋ぎ止める役割を果たしていた。彼等にとってはどんな時でも真摯に語り合える話題は常にその庭に関することであったようである。

更に言えることは、ロング・バーンがなければ、シシングハーストの庭は生まれなかったということである。ロング・バーンの庭造りはヴィタとハロルドにとっては試運転の期間のようなものであり、その試行錯誤の過程の中で彼等は植物の性質を学び、庭造りの技術を会得していったのであろう。それと同時に彼等は何物にも代え難いガーデニングの魅力に取り憑かれたことは疑いのないところである。

ハロルドはヴィタの希望に添う形で外交官の仕事を辞め、新聞のコラムニストの仕事を始めた。このことによって彼にはヴィタと共に庭で過ごす時間的、精神的なゆとりができた。一方、ヴィタもハロルドの編集する雑誌にガーデニングの記事を書き始めた。彼女に、ガーデニングについての物書きという新しい局面が開けたのはこの時期であると言えよう。

第三章　シシングハースト・カースル・ガーデン

城跡の入手

ニコルソン夫妻がロング・バーンに代わる居住地を探し始めた直接の動機は、隣の農園が鳥の養殖場になるということであった。それが気に入らなければ土地全部を含めて二万一千ポンドで農園全部を買うようにという話である。この時点で、ロング・バーンが二人にふさわしい、魅力的な住まいになっていたことは確かであった。バラはヴィタの計画通りに古い家具のような、木組みの美しい建物の外壁を飾り、二段構えのテラスを取り囲むようにヴィタが選んだ植物がしっかりと根付いていた。

しかしこの完成段階にあったコテージ・ハウスを手放すことの残念さよりも、彼等の心に浮かんだのは、このチャンスに更に素晴らしい庭園を造るという夢ではなかっただろうか。彼等にはまだ十分なエネルギーが残っていた。もっとも、結果的には、ロング・バーンも人手に渡ることなく彼等の手に残ることになったのだが、いずれにせよ、このことが動機となって、彼等は新しいすみかを探し始めたのである。

第一次大戦後の英国では、城の建築はヴィクトリア朝中期にスコットランドで終わりを告げていたこともあり、古城のような建築物に対する郷愁が人々の間に漂い始めていた。しかし戦後、このような郷愁に資金をつぎ込む余裕があったのはアメリカ人だけであった。アンドリュー・カーネギーはスザーランドのスキボ城を修復、エドワード・ハドソンのためにラチェンズがリンディスファーン修道院を近代化し、ウィリアム・ウォルドーフ・アスターがヒーヴァー城を購入するという具合であった。趣味はあっても金のない英国人はささやかにマナー・ハウスで満足するしかなかった。

ロング・バーンから約二十マイルほど離れた所に十六世紀の城が売りに出ているのを見つけたのは親友のドロシーであった。

ヴィタがヴァイオレット・ケッペルの友人であったドロシー・ウエルズレーと親しくなったのは一九一九年であった。ドロシーは美しい華奢な女性で、詩作に興味があり、考え方、感性にはヴィタと共通するものがあった。ヴィタは『ランド（大地）』という詩を彼女に捧げているが、それほどに二人は親密な関係になっていたのである。

後にウエリントン侯爵になるこのウエルズレー夫妻とはハロルドも含めて夫婦単位での付き合いが十五年間も続いていた。この夫妻はサックヴィル家の所属する教区、ウイジーハムに庭付きの家（二百五十エーカー）を一万ポンドで買っていた。ヴィタはドロシーの庭造りを手伝いながら、彼等の庭に絨毯のように咲くブルーベルとスズランを自分の庭にも敷き詰めてみたいと思っていた。

一九三〇年四月にヴィタはドロシー、ハロルド、長男ベンの四人でこの売り物を見に出かけた。それは荒れた二十エーカーほどの廃墟付きの泥地であった。電気も水道もなく、居住可能な部屋は一つもなかった。しかし彼女はこの廃墟を見た瞬間に、これは眠れる森の美女の城だと直感し、直ちに改造プランまで思い描いている。

当時、ハロルドは外務省を辞職し、出版関係の職に就いていたが、早速ロンドン図書館でこの城の古いプリントを手に入れ、その歴史を調べた。それによるとこの城はヘンリー八世の時（在一五〇九～一五四七年）に、ジョン・ベーカー卿の居城となっていた。しかも彼の娘は一五五四年にトマス・サックヴィルと結婚していることも判明した。それは取りも直さずこの城がサックヴィル家の城ということになる。この事実はヴィタにとっては重大な意味があった。

城は十八世紀の中頃までに殆ど廃棄され、七年戦争（一七五六～一七六三年）の間は一部がフランス軍の監獄として使われていた。一八〇〇年頃、この城の一部が壊されて、残った部分が教区の仕事場として使われたこともあった。ヴィタ達がここを入手するまでの百年間は、幾つかに分離した赤煉瓦の建物が、馬小屋や店、近くの農場で働く労働者の宿舎として使われていた。残された建物の中で最も印象的なものは二つの八角形の小塔を両側に配した高い尖塔であった。他人には荒れ果てた廃墟であったが、ハロルド夫妻にとってはこれが祖先の思い出と繋がるものであり、ケント州にあるということが何物にも代え難い重みを持ったのである。

次の週に二人はシシングハーストに最も近い町であるクランブルックに泊まり、翌日は雨の中、新しい領地の泥やがらくたを踏みしめて歩いた。それからあまり日を置くことなく、ヴィタは庭に最初の植物、ラヴェンダーの株を植えた。

ハロルドとヴィタのこだわり

シシングハーストを訪れる人々はここでは住居に庭がついているというよりも、

庭に住居が付いているという印象を受ける。家はあくまでも庭を彩る背景の一部と化している。では、ハロルド・ヴィタの夫妻はこの一種独特な住居と庭のコンビネーションをどのようにして造り上げていったのだろうか。

ハロルドがシシングハースト再建のためのコンサルタントとして選んだのはアルバート・パウイであった。彼は当時、古代建造物保存協会の書記を務める建築家であった。この古代建造物保存協会というのは、人々が古い建物に興味を持ち始めた時代風潮の中で、古い建造物の破壊や略奪を阻止しようとして活動していた団体である。アルバートは兄とともにパウイ兄弟として知られた存在であったが、「常識に逆らうようなことは最低限度にとどめて、美を展開する」ということをモットーとしていた。

彼が初めてシシングハーストを訪れたのは一九三二年のことである。アルバートは細部に亘って注意深い仕事をする建築家であった。煉瓦の使い方についてさえ何年も論議を重ねた末、煉瓦工房を決定するという慎重さであった。このパウイのおかげで、シシングハーストは煉瓦のつぎはぎ細工にならずに済み、ベンやナイジェルのプリースト・ハウスでの暮らしはずっと快適なものとなった。素朴な厩舎は素朴なままではあるが、魅力的な「ビッグ・ルーム」と呼ばれるリヴィングに改造された。

彼がハロルドに与えた注意は「庭の設計では、屋外の規模は室内よりずっと広いことを忘れないように」ということであった。庭の設計を屋内で行ったために失敗した実例を数多く見てきた人間ならではの実践的な助言であった。

パウイの助言を受けるまでもなく、ハロルドは戸外で設計をする人間であった。彼は塔の上から指示しながら設計を行った。塔から出される指示を、先に赤い布を結びつけた竹竿を持った人間——おおかたの場合は次男のナイジェルだった——が下で受けて動いたとされている。その他に彼が用いた道具といえば、球形に巻いた糸、メジャーなどであった。

シシングハーストで最も印象的なイチイの垣根で囲まれた円形の芝生、ロンデルはナイジェルが円の中心に立ち、そこから引っ張った紐で円周を描いたと記録されている。ディオニュソスの像が居場所を間違わずに済んだのも恐らくはモデ

庭園の象徴ロンデル

ルを務めたナイジェルの功であろう。

ハロルドが特に腐心したのは塔周辺の芝生と果樹園とをどのように結びつけるかであったとされている。塔の上から庭園を俯瞰し、庭園を散策してみると、確かに塔周辺の植栽と外苑ともいうべき広い果樹園に一体感を与えることは困難な仕事であったことが推察できる。

庭の設計では、古典趣味のハロルドとロマンティックな気質のヴィタは対立することが多かった。小さな木の位置取り、アーティチョークの移植を巡って始まった口論が、果ては女性論になり、最後は草むしりになったりもした。しかし最終的にはハロルドの意見が通ることが多かった。ヴィタのロマンティックな資質と上品な趣味が表れているのは塔が支配している中庭、ローズ・ガーデン、そして果樹園である。アーチになった入り口では、ヴィオラの花輪が飾られたバガテルの壺が人々を出迎え、塔の影を映す中庭はノール城のグリーン・コートの面影を偲ばせている。ローズ・ガーデンにはハイブリッドのダナエが咲き、アイリスの突先と紫と金の花が芝生の道を飾るように垂れ下がっている。

一方、ハロルドの古典趣味が表れているのは入り口のロンバルディ・ポプラ、ライム・ウオーク（菩提樹の並木）、ナッテリー（木の実林）、イチイの道である。春になると、ライム・ウオークには濃淡の青や黄色のムスカリ、プリムローズ、黄水仙が溢れ、所々に配置されたオイルの壺とテラコッタの壺には赤いチューリップがぎっしりと咲く。ナッツ類が植えられたナッテリーはポリアンサスの絨毯が端から端まで敷き詰められたように咲き誇る。この花のカーペットを植え込

ハロルドの育てたライム・ウオーク（菩提樹の並木）

むアイディアはハロルドが思いついたものである。ヴィタの感性に頼った植栽とは対照的にハロルドは計算され尽くした植え方をしており、彼が生涯を賭けた仕事と呼んでいたライム・ウオークの手入れを任されたのは彼の庭師、シドニー・ニーヴであった。

一九三〇年代というエドワード朝（エドワード八世）に、ニコルソンの家族の家として形づくられたシシングハーストの庭園全体を支配している雰囲気は、アングロ・サクソン

井戸も一つのポイントに

ボーダーガーデン

遺跡から出てきたシンクを利用

的な質実剛健さであるといわれている。これは何よりもケント州の土地貴族としての血を受け継いだヴィタの資質に負うところが多いのではないだろうか。

また、ニコルソン家の庭造りに見られる英国の土着性という特色に一番大きな影響を与えた人物として考えられているのは、ヴィクトリア朝末期のウイリアム・ロビンソンである。ロビンソンは当時、既に晩年を迎えてはいたが、最も雄弁な庭園評論家であり、多くの著作を通して英国の庭園文化に影響を与えていた。彼は一年を通して無理のない、自己充足的なやり方で土着の植物を大事にすること、外来種の活用には少なくとも耐寒性の――外来種でも新しい気候に適応する性質を持った――ものを植えることを提唱していた。彼は、ヴィタの『ランド』という詩集を激賞する手紙を送っているが、このことは彼がこの作品を通して、彼女の中に共鳴するものを見いだしたことを示している。

第四章　カースル・ガーデンでの暮らし

コテージ・ハウスの日常

シシングハーストでの夏の暮らしは牧歌的で誠に快適だったが、冬の厳しい気候をしのぐには英国的な、堅忍不抜《けんにんふばつ》の強固な精神が必要であった。

夫妻は朝食時には、イチイの通路を抜けて、庭を横切りプリースト・ハウスの食堂へ行き、夕食後は暗闇の中を戻らねばならない。夏の月光の下ではそれは素敵な逍遥であったが、冬にはとても食後の散歩とは言い難いものであったであろう。

子供達はプリースト・ハウスで快適に過ごしていたが、ヴィタは尖塔の中で、電熱器一個で書き物に励んだ。

来客時にはビッグ・ルームが使われた。ここは後年ナイジェル家のショールームとなった広間であり、ヴィクトリアから譲られた宝物が飾られる場所でもあった。

クリスマスには庭師のジャック・ヴァスがヴィタのために廃物の大鍋などを利用して、実の付いた小枝や紅葉した葉を一杯飾り、貴重な桜草や、バラの蕾、クリスマスローズを植え込んだものをプレゼントするのを慣わしとしていた。一家の人々はそのようなプランターや窓辺に飾られた早春の花々と共に新年を迎えたことであろう。

シシングハーストではいろいろな果物――食用リンゴ、ジュース用リンゴ、クラブアップル（ヒメリンゴ）、梨、マルメロ、ブドウ、ネクタリン、イチジク、桃など――あらゆるものが栽培されていた。ヴィタは毎日それらの果物が食卓のボウルに入っていないと物足りなかった。戦争が近づき、食料品などが不足し始めた時期でも、ニコルソン一家は庭と、隣接する農園からの収穫物でかなり豊かな生活を維持することができていた。

一九三五年から十年間、ハロルドは労働党の下院議員に選ばれ、不在がちであった。ヴィタはますます庭の手入れに打ち込んでいたが、長い週末には夫婦でガーデニングを楽しむことも多かった。

ヴィタはスカートを嫌って、コーデュロイのズボンと長靴をはき、美しい絹のブラウスに巨大な粒の真珠のネックレスをつけ、自分で編んだ羊のカーディガンを纏った。

彼女は次第にものを書かなくなり、太って田舎女の風情になっていった。このことはヴァージニア・ウルフをいたく失望させていた。ますます美しくなっていった庭に代わって、気品に溢れた、貴族的なヴィタが失われていったのは確かであった。またスペインの血を引く母が亡くなって、彼女の中のラテン気質が消え、保守的な英国女性の血が勝ってきたということもあろう。そしてこの頃になると、ブルームズベリー・グループの人達との価値感のずれが更に広がったとしても、それは当然のことであった。

戦中、戦後のシシングハースト

世界大戦の足音が聞こえ始めた一九三九年にはシシングハーストの庭でも軍事訓練が行われるようになった。ハロルドはイーデン首相と共に戦う政治家として行動を共にすることが多かった。

ハロルド夫妻は自分達の庭に他人が興味を示すとは期待していなかったにも拘わらず、この時期にも訪問客は絶えることがなかった。

一九三八年の五月には人の勧めで、シシングハーストが庭園を公開している旨の広告が『ナショナル・ガーデン・スキーム』誌に初めて掲載された。

ヴィタはこの地区の銃後を守る婦人部隊のリーダーも務めるようになった。自宅から僅か十マイルしか離れていない場所に敵機が墜落したこともあったが、ヴィタは上空に交差するサーチライトの閃光を、池に浮かべた舟の中から鑑賞するような余裕を見せた。

ハロルドはロンドン暮らしで、子供達はイタリアにと遠く離れて暮らしていた。庭に塹壕が掘られ、塔は軍隊の見張り台になった。サイレンが鳴ると、ヴィタはモグラのように地下に逃げ込まねばならなかった。ビッグ・ルームは毒ガスの侵入を防ぐために窓には目張りをし、ドアには詰め物がされた。海峡を隔てたフランスからは風にのって砲声が届く日もあった。ドイツ軍がロンドンに到達するためにドーヴァー海峡を渡れば、ケント州は通り道になると予想されていた。

しかしヴィタはどんなことがあってもシシングハーストからは離れないと堅く決心していた。彼女はヒットラーの軍隊がやってきた時には自殺する覚悟を固めていて、毒薬まで用意していたのである。

一九四〇年、ヴァイオレット・ケッペルが戦争を逃れてパリから英国に戻り、シシングハーストにやってきた。しかし、二人の間にはもう何事も起こることはなかった。またその頃、夫婦共々親しく付き合い、庭造りにも協力してくれていたドロシー・ウエルズレーがアルコール中毒になって、ヴィタの手には負えなくなっていた。更に物質的にも支援していたヴァージニア・ウルフが一九四一年に自殺した時、ヴィタはもう自分には詩と庭しか残されていないと感じた。

主任庭師のジャック・ヴァスは、通路と垣根の手入れだけは怠らないようにと言い残し出征していった。しかしヴィタは心密かに、あまり整然とした庭は本当の庭ではないと思っていた。


一九四五年に戦争が終結し、五月に子供達が戻り、シシングハーストの塔には旗が掲げられた。ハロルドはその年の総選挙で議席を失い、政治の世界から離れることになった。ヴィタは家族を励ますために、背中の神経痛に耐えて、庭造りに更に精を出した。

彼女が『ランド』を書いたのは三十代前半の時であったが、その完成の半年後に書き始めていた『ガーデン』が出版されたのは一九四六年五月である。十一月には二版、翌年には三版が出版された。彼女は、この詩集でハイネマン賞と百ポンドの賞金を得たが、望むような批評は得られず、ブルームズベリー・グループの人々は当然のことながら、この作品を無視した。深く失望した彼女が、これ以降、詩集を出版することはなかった。彼女にはもう庭しか残っていなかった。

一九四六年から、ヴィタは『オブザーバー』紙にガーデニングについての記事を書き始めた。彼女は王立園芸協会（ＲＨＳ）のフェロー（特別会員）であり、講演も行っていたが、その影響もあって、公開日には更に多くの人々がシシングハーストの庭を訪れるようになった。

第五章　ヴィタの生活

コラムの執筆

一九四六年から始めた『オブザーバー』紙のコラムの執筆は亡くなる前年までの十四年間続いた。この仕事によって彼女は園芸家としてのプロ意識に目覚めていったようである。また、外部の人間にはこのコラムを通してシシングハーストの庭造りが見え、興味がかき立てられたようである。

彼女がこのコラムで示した自分の過ちは直ちに認めるという素人臭さは、『パンチ』紙などで揶揄されることもあったが、逆に一般の読者からは親しみを持たれた。日曜日の朝には、彼女のコラムが載ったページはスポーツ・ページよりも先に開かれるほどの人気ぶりであった。

読者から届く手紙は、一つの記事に対して二千通を超えたこともあったが、その殆ど全てに返事を出すという彼女の対応ぶりは、単に生まれ持った思いやりの深さばかりでできることではない。彼女にとってそれは大きな楽しみでもあったと推察できる。

また、読者から寄せられる質問には彼女が入手した苗の販売店を尋ねるものも多かったが、その結果として注文が殺到することになった種苗店から、ヴィタに謝意を表すために大量の山岳植物が届いて彼女を驚かせたこともあったとのことである。

唯一所有欲を示した土地

ヴィタは母親のヴィクトリアとは対照的に、資産とか株とかには全く興味がなかった。また二人の子供達には十分な信託基金が与えられていて、その点に関しては親として心配りをする必要がなかった。彼女が唯一所有欲を示したのはシシングハーストと地続きの土地に関してであった。

彼女は歩くこと、それも自分の土地を歩くことが大好きであった。それにはシシングハーストの敷地は狭すぎた。彼女はまず、ベッテンハム境界線に隣接する四十エーカー（約五万坪）を購入した。これによって、他人の土地を踏むことなく二時間歩くことができるようになったとされている。一九四〇年に更に十エーカーを五千ポンドで購入した。

彼女は古い地図で、シシングハーストの領地は二千エーカーあったことを知り、隣接する土地を買えば、その九百五十エーカーまでを取り戻せると考えた。しかし千エーカーを超えた土地は国有化されることを知り、思いとどまった。これで彼女の土地所有願望は終わりを告げた。

ヴィタは領地だけでなく、そこにある立木にも興味を持っていたから、それを切ったり売ったりすることには同意しなかった。彼女が自分の領地の立木を切らせたのは、シシングハーストの暖房用の薪としてのみであった。

実際にシシングハーストを訪れてみると分かるのだが、塔の最上階からはケント州ウイールド地方の緩やかな起伏の風景を遥か地平線まで望むことができる。石灰質の土壌が浸食されて平原となったとされるサウス・ダウンのあちらこちらに、緑の木立が点在するケント州特有の景色である。冬には、執筆の合間に、その平原の木立から一面の雪の中を轍の跡を残しながらシシングハーストに向かってくる薪を積んだ馬車の様子を塔から眺めることもあったのではないだろうか。

そのような楽しみがあったからこそ、この風景の一部となっている木立も自分のものとしておきたいと考えたとしても不思議はない。

バラへのこだわり

シシングハーストが庭園として充実してくるに従って、ヴィタはバラの専門家になっていった。おそらく彼女自身は自分をオールド・ローズの専門家と考えていたであろう。一時期、バラのために特製のラベルを作って命名に凝った時期もあったほどであった。

英国では、六月はバラとアヤメの季節である。バラが噴水のようにアイリスの上に降り注ぐ光景がヴィタの最も思い入れの深い夢であった。ロンデル・ガーデンのバラの出来はシシングハーストのその年の成果を測る物差しともなっていた。ヴィタが最も大事にしていたのはオールド・ローズであるが、他のバラも、バラとしては当然の香りを持っている限りは、それぞれの長所を認めていた。もっとも、ハイブリッド・ティーについては、まるで人目を忍ばせるかのように野菜畑の中に植えていたということはいかにも彼女らしいところで、微笑ましい。

彼女が切り花として楽しんだのは、昔からのおなじみで、純粋なオレンジ色のエマ・ライト、マク・グレディのバラ、銅色がかったオレンジ色のミセス・サム・マグレディ、深紅のエナ・ハークネス、黒に近い艶のあるチャールス・マルレリン、艶のある深紅のクリストファー・ストーン、クリムゾン・グローリー、エトワール・デュ・ホランド、銀色系のピンクでバーベナの香りがするザ・ドクターなどであった。

一方、ワイン、赤紫、真紅、すみれ色、紫、ビロードのような臙脂《えんじ》色のガリカ種〝トスカニー〟、赤藍色の〝カーディナル・デュ・リシュリュー〟、紫とライラック色のオールド・ベルベット・モス種の〝ウイリアム・ロブ〟、ダマスク種の〝イスパハン〟、〝プロヴァンスのバラ〟、暗紅色《あんこうしょく》で殆ど黒に近い〝ドクチュール・ジャメインの思い出〟などは彼女が〝危険に溢れたバラ〟と呼んでいた範疇のものだが、これはそれらのバラに愛や戦争に関わってきた長い歴史の重みを意識しているここによるものであろう。そこに文人としてのヴィタの思いを読み取ることができる。

バラは西欧社会では教会の儀式の一部を担ってきたという長い歴史がある。彼女はかつてイースターの日にヴェニスの聖マルコ教会で、紅バラ色の衣を纏った枢機卿が祈りを捧げていた姿を忘れることができなかったと述べている。しかし、実際には、この重々しい、殉教者の血の色を連想させるバラが咲く六月にはヴィタはシシングハーストを不在にすることが多かった。

ロンデルのバラの花壇にコンパニオン・プランツ（共生植物）としてヴィタが

好んで植え込んだのはナデシコであった。彼女はミセス・シンキンズという種類をどこにでも植えていたが、それよりも更に整った姿を持つ希少種のミス・シンキンズを自慢にしていた。コンパニオン・プランツとしては、更に何種類かのカーネーションを加えている。

庭園巡りと庭園師達との出会い

シシングハーストでの庭造りに最も大きな影響を与えた庭園はコッツウォルドにあるヒドコート・マナー・ガーデンである。ヴィタは造園主ローレンス・ジョンストンの案内でこのマナーを一九四五年前後に見学している。従って、彼女が訪れた時にはこのコッツウォルド地方を代表する庭園であり、後にエドワード時代を代表する二大庭園としてシシングハーストと並び称されるようになったこの庭園の骨組みは、ほぼ完成していたと思われる。

パリ生まれのアメリカ人であったジョンストンは、コッツウォルド北端の地に自分の建築の才能、植物収集家（プラント・ハンター）としての経験を生かして簡潔な美しさを持つ庭園を造り上げていた。また彼の庭園は庭と建造物の結合に重点を置く従来のスタイルやジーキル式のカラー・スキームを重視した植栽と決別したことで新しい時代の息吹を感じさせるものでもあった。

この庭園を訪れる人は誰でも「長い廊下」（ロング・コリダー）と呼ばれる常緑樹の垣根で仕切られた空間の端正な美しさに息を呑む。そして観客の視線の行き着く先、いわゆるフォーカル・ポイントには透かし模様の鉄扉があり、それを透かして視線は更にその先の北コッツウオルドの風景にまで及ぶのである。つまりこの「長い廊下」は一種の借景への導入部となっているのだが、そのことはまた、見る者に精神の解放を感じさせてくれる。ヴィタもロング・コリダーのヒイラギ、ブナ、イチイ、ツゲ、クマシデが群植されている垣根の多様性に目をとめている。

ここで彼女が学んだ流儀は植物自身に居心地のよい場所を選ばせるということと、二、三流のものに満足することなく、常に最も優れた種類のものを選ぶということであった。

ヒドコート・マナーの近くに位置しているキフツゲートはバラの庭園として有名であり、心を通わせたこの庭園主ミュアー夫人から、何株かのバラがシシングハーストに贈られている。更に、ウエールズのボドナント・ガーデンからはアヴァーコンウェイ卿の心が通う友人として受け入れられたヴィタ達ニコルソン夫妻に厚《あつ》葉《ば》桜草《さくらそう》が届いた。

彼等の庭園巡りの旅は、アイルランドからスコットランドにも及んでいる。そして、この大戦後の長期に亘る庭園巡りの旅以外にも、彼等夫婦は日帰りで数多くの庭園を訪れ、そこで働く庭園師達とも話を交わした様子が記録されている。

彼等が訪れた庭園の名前を一瞥して分かることは、偉大な、歴史的庭園と呼べるものは含まれていないことである。また、当時はクリヴデン、レスト・パーク、パウイズ・カースル、レヴンズ・ホール、チャッツワース、ブレニム、ヒーヴァー、ブスコット・パークなどが最盛期を誇る庭園であったのだが、ヴィタはそれらよりももっと新しい庭園――レオナルズリー、ナイマンズ、ボルド・ヒル、ボドナント、ウエイクハースト・パレス、シェフィールド・パーク、ストウアヘッド、トレスコ、フレデリック・スターンのハイダウンにある庭など——が気に入った様子が窺える。そしてこれらの共通点は全てがシャクナゲの庭であり、大規模のものであるということである。

一方、ハロルドはなぜかシャクナゲは嫌っていて、シシングハーストに植えることを拒否している。土質という見地から考えれば、ケント州は「白い崖」で知られるように、石灰土質であり、明らかにアルカリ度が高い土質である。従って、シャクナゲのように酸性土質を好む植物は、シシングハースト向きではないと思われ、ハロルドの判断は全く正しいものであったわけである。

また、ハロルドには過去に自分が目にしたもの、あるいは意識的に学んだものを造園に取り入れた傾向が窺われるが、ヴィタはむしろ旅や訪れた庭園で目にする風景、植物自体を楽しんでいたという印象を受ける。ハロルドとは対照的にヴィタがそれらの庭園から受けた影響は、間接的なものであり、印象的、雰囲気的なものであったと言えよう。彼女はやはり感性の人であった。

第六章　ホワイト・ガーデン誕生

白い花の群植

『ヴィタのもう一つの世界』の著者、ジェイン・ブラウンは、ヴィタが白い花の群植という着想を得たきっかけは何よりも彼女が夜に出歩く習慣があったことにあると述べている。

ヴィタはいわゆる「ハイ・ティー」と夕食との間の、何にも拘束されない時間に犬の散歩をかねて庭を歩くことが好きであった。春と秋には池の周りや林の中をさまよい、夏には夕食後に涼みに出た。霜や、雪の朝、満月の夜も庭に出てみ

ホワイト・ガーデンと塔

たいという気持ちを抑えることができなかった。空襲の恐怖の下でもサーチライトの光の反射を池のボートで鑑賞したほど庭にいることが好きな人間であった。庭にいる時こそ彼女が最も幸せで自分らしく感じられる時間であった。

シシングハーストの住人達は、食事のため、あるいは就寝するために夕暮れ時、夜にも庭を通り抜ける必要があった。そのような時に目に飛び込んでくるのは白い花々が空間に浮かぶ幻想的な風景であった。昼間の明るい光の中では弱々しく見える淡い色の花々が、夕闇の中で精気を取り戻し、庭のあちらこちらに浮かぶ風景を想像すると、その美しさは、おそらく色鮮やかな花々が視覚に訴える美しさよりも、凝縮された単色の純粋さ、力強さを感じさせるものがあったのであろう。

また彼女は積雪の中で軒に出入りするインコの羽根が雪に映える美しさをたたえる文章も書き残している。彼女は花壇の配色に細やかな心配りをした人である。彼女が雪の日に緑の木々のトンネルの中を通り抜けたことがあったかも知れない。彼女にとって白い花々は白い世界に通じる秘密の扉のようなものであったのではないだろうか。

時代的背景

ジェイン・ブラウンはこの時期に「ホワイト・ガーデン」が生まれた時代的な背景について述べているのだが、彼女の推論で特に興味を引く点は、「ホワイト・ガーデン」という言葉も着想も造園家の中からではなく、フラワー・アレンジメントの世界から生まれたとしている点である。

ブラウンは、カラー・スキームの元祖、ガートルード・ジーキルなら「白い花壇」など決して造ろうとはしなかったであろうという。その理由として、白色が喚起するイメージは、処女、花嫁、よりも遙かに強く「死」に結びついているからだ。彼にはこのように微妙な社会的慣習を愚弄するようなことは決してできなかったであろうとしている。

更に、もう一つの理由として考えられるのは、元来、画家であったジーキルの目には、白というのは印象派の画家達がキャンバスの上で行うように、光を表す色としてのみ映っていたであろうということだ。彼女が白を基調とした花壇など思い描くことはあり得ないと結論付けている。


一方、フラワー・アレンジメントの世界に目を転じてみると、この世界では早くから白色の花と銀葉の組み合わせの美しさは認識されていたことが分かる。戦争で閉じ込められた英国婦人達が鬱積したエネルギーを楽しく発散する場所は、フラワー・アレンジメントの世界であった。花の同好会、フラワー・コンテストなどが盛んに行われ、その中でいろいろな配色が試みられる風潮が定着していった。フラワー・アレンジメントの先駆者であったコンスタンス・スプライ〔八〕は白と銀葉との組み合わせを特に好み、自著の中で白い花の花壇に植える植物の長いリストを載せている。

更に、当時、南イングランドに芽生えつつあった花の同好会が大型バスツアーで出かける目的地として最も人気があったのは、シシングハーストであった。

このような背景を理解すると、シシングハーストのホワイト・ガーデン誕生のタイミングは、それが受け入れられるには絶好の時であり、当時のフラワー・アレンジメントの風潮が何よりも決定的な要素ではなかっただろうか。庭師達もようやくそこに足を踏み入れてみようかという機運の高まった時期でもあった。

作庭の過程

ヴィタが白い花の群植という計画について初めて言及したのは、一九三九年の十二月である。その当時、彼女は塔の芝庭の南西にあるライオン・ポンドが灌漑され、更には満水にされた様子を目にしながら、この地に植栽する構想を思いつき、いろいろと考えを巡らせている。

「全て白い花で、薄いピンクの固まりが少し。白のクレマチス、白のラヴェンダー、白のアガパンサス、白い八重のプリムローズ、白いアネモネ、白椿、一方の角にギガンチュームと白百合を、それに薄いピンクのプリムラ」〔九〕

夫妻は一九四九年中、断続的にではあるが、この考えについて議論を重ねた。この計画について執着したのは、ヴィタよりもハロルドの方であった。以後、ヴィタはこの案について「ハロルドの」アイディアだという呼び方をするようになった。彼等がこの植栽に着手することに決めたのは、一九四九年六月八日であったとされている。

ハロルドはこの計画について更に思考を重ねた。彼は七、八月の庭がややしまりのない感じになることをことに気にしていたから、この時期を乗り切るためにも白の植栽を試みたいと考えたのである。

「シネラリアの群生、ウサギの耳の群生、ヨモギ、サントリーナ、そして背景全体をミミカキ草（ウサギの耳）のような銀葉の植物で埋め尽くし、この茂みの中からリーガル・ユリが立ち上がる……今のエレクテウム（ハーブ・ガーデン）は気に入らない。あの区画は美しい形をしているし、私達の目によくとまる場所だから、七月の庭に変えるべきだと思う。

他の植物全てに衰えてきて、デルフィニウムを取り除いた時、銀色と白色の庭はとても美しいと思う……少なくとも私は七月のエレクテウムを美しくする

ことに専念したい――リーガル・ユリと銀葉を使えばそれが実現できるであろう」〔一〇〕

彼等の生涯を通して言えることだが、何か新たな計画を実行する時には、女性的であるといわれたハロルドが計画を全体像から考え、有機的に、理論的に構築していくのに対して、「男性的」といわれたヴィタは常に感覚的に対処する姿勢が誠に対照的であった。その点では彼等は良いコンビであった。

「黄昏時に、あるいは月光の下で、林の影の中で輝いているその百合の姿はとても印象的なものである。その芳香は人を圧倒するほどで、それが此の巨大な見張り役に与えられた唯一の生けるあかしである」〔一一〕

こう彼女が描写しているのはフェラ〔一二〕がチベットで発見したリリアム・ギガンテウムのことであるが、この巨大な百合の緑白色のトランペット状の花が樺の木の銀色の幹を背景にして咲いている時が最も美しいと述べている。そしてこの美しい色の組み合わせを具体的にどのように庭園に取り入れるかを考えたのはハロルドであった。

まるで宝物でも探すようにして白のグラジオラス、イングリッシュ・アイリス「ホワイト・パール」、ポンポン・ダリア「スモール・エレミュラス」と素晴らしいモウズイカを庭園にもたらしたのもハロルドであった。

「下草にはいろんな種類のヨモギ属、昔からある芳香性のサザンウッドも入れよう。銀葉のサントリーナ、コットン・ラヴェンダー、匍匐性のアキレア属。沢山の種子から育てたリーガル・ユリがこれらの間から姿を覗かせる。パシフィック種の白のデルフィニウム、白のエレムレス、壁の北側の陰になる場所に白のフォックス・グローブ、ふわふわしたカスミ草、白のハイドランジア・グランディフローラの灌木、白のキスツス属（半日花科）、白の木性ボタン、バドレイア・ニヴェア（フジウツギ属）、白のカンパニューラと白のキキョウ類、中国産のベルフラワー。

純銀色、8フィートの高さのジャイアント・アラビア・アザミ。小さなクロウメモドキを二本、銀白色柳葉のパイラス梨の木が処女神ヴェスタの像を覆う。中央の通路を下ると、白のツルバラが古いアーモンドの木を伝い登っている。その背後には、秋明菊《しゅうめいぎく》と白いダリア……」〔一三〕と、彼の夢は止まるところを知らない。

　ホワイト・ガーデンの一隅に置かれているヴェスタの像は、鋭い感性に恵まれたヴィタの神秘と彼女への愛情を表すものとして、ユーゴスラビアのトマス・ロザンディックがクルミ材で作った彫刻からヴィタが鉛で型取りして作らせたものであった。そしてその像にしだれかかるパイラス梨の木は、晩年にヴィタが尊敬して止まなかった近在の老婦人、キャサリン・ドラモンドから贈られたものであった。

　ホワイト・ガーデンに最初から特定の名前が付いていたわけではない。ヴィタが「全てが白い花の」という表現を用いたのは、ホワイト・ガーデンの着想を得る十年前とされているが、そのイメージした場所が庭園内のどの場所であったのかは特定されていない。しかし今回は自分の庭、それもプリースト・ハウス、あるいはエレクテウム（ハーブ・ガーデン）と呼ばれている場所に新しく「白い花の庭」を、灰色、銀色、白色の花や植物を用いて造るという極めて現実的な計画が生まれた。

ヴィタ自身は「薄色の（pale）庭」と呼び、「灰色、緑色、白色、銀色の庭」と書いているが、雑誌『カントリー・ライフ』はこれを「灰色の庭」とか「灰色と銀色の庭」と呼んだ。

最初、ヴィタはそれを歩廊で囲まれた中庭を意味する古語の「ホワイト・ガース（White Garth）」という語を用いたがっていたようである。この語が採用されていれば「囲まれた」という意味を付け加えることができ、もっとロマンティックな雰囲気を出すことができていたかも知れない。確かにシシングハーストのホワイト・ガーデンで、緑の垣根で囲まれた白い花々の花壇は、小規模の「歩廊」と呼ぶのにふさわしい印象を受ける。

ホワイト・ガーデンという呼び名が確定したのは一九六八年にヴィタの孫のフィリッパが出版した著書の中である。

ホワイト・ガーデンはなぜ人々を惹きつけるのか

イギリスのいささか交通の不便な場所に位置し、敷地（十エーカー）が特に広いということもなければ、有名な造園家のデザインによるものでもないホワイト・ガーデンが現在もなお、年間十万人を超す人々を惹きつける理由は何であろうか。実際、シシングハーストを初めて訪れた時に、この庭園が他の名園に比べるとあまりにも小規模であることに驚かされる人も少なくない。

この庭園が人々を惹きつけている理由としては以下のようなものが考えられる。まず、造園に着手した当時、ヴィタと彼女の庭は既に有名であった。彼女は幼い時から詩を書く貴族令嬢として著名であった。更に、若き日のヴァイオレットとの逃避行、ヴァージニア・ウルフとの親密交際、ブルームズベリー・グループの人々との交流は当事者の意思とは関わりなく人々の関心を引いていた筈である。

一九三二年に行われた三ヶ月という長期に亘るアメリカ各地での講演活動は、

アメリカにも多くのファンを生み出した。現在でも彼女に関する文献の多くが母国よりもアメリカの大学が保持しているという事実もそのことを物語っている。

次年の一九三三年になると、ヴィタは毎金曜日にBBC放送でガーデニングについて話をするようになった。ある時には夫婦で出演したこともあった。(同性愛者として名高い)彼等夫婦が結婚生活について討論したということは喜劇的で、多くの人々が耳を傾けたのは当然のことであった。

また、ヴィタの長年に亘るオブザーバー紙への寄稿は従来とは異なる読者層を作り出していた筈である。この読者達はこぞってシシングハーストになだれ込み、固唾を呑むようにしてこの白い庭園の誕生を見守った。庭造りは通常、年月をかけてゆっくりと、人知れずに進行していくものである。ホワイト・ガーデンは、それが着想されてから五年で出来上がったことは当時としては、異常な早さであった。勿論それには、着手時に、既にイチイの垣根、アーモンドの植栽、ラヴェンダー、ツゲの囲いが殆ど出来上がっていたことにも大いに助けられている。

この当時、世界中からやってきた訪問客は、特に庭園愛好家でなくても、このたった一つの庭について、どの庭のことよりも深い関心を抱いていたとしても不思議ではない。

作庭から五十年以上の時を経てもなおこの庭園を訪れる人の波は絶えることがない。その中には、季節が変わるごとに異なった表情を見せるこの庭を見たいと訪問を繰り返している人々、いわゆるリピーターも多い。

二本の塔、ロンデルと呼ばれるイチイの小円で囲まれた芝生の円庭、ホワイト・ガーデンのツゲの枠の中に植え込まれた白い花々、赤色系のクニフォフィア、バラが支配しているプリースト・ハウスの前庭。長男ベネディクトがデザインした繊細な、鉄製の「はざま飾り」に支えられて咲くロサ・ムリガニは、巨大な白バラの天蓋となって六月の初旬の開花から七月一杯までかすかにバナナの香りを漂わせる。シシングハーストの一族の結婚式がこの白バラの天蓋の下で執り行われるのが家族の伝統であると知れば、見物客のロマンの夢は更にかきたてられる。

ホワイト・ガーデンに咲き誇る白いバラ、ロサ・ムリガニ

天蓋の傍らに咲く白いスイートピー

第七章　光と影

女王からの返礼

一九五二年六月四日に、皇太后(ジョージ六世妃)がシシングハーストに来訪された。これはハロルドが大戦中にホームシックに悩みながら外交官として職務に励んだことに対するエリザベス女王の返礼であった。また彼の著作『ジョージ五世伝』が高い評価を受けたことに対する、王の孫娘である女王の謝意表明という側面もあったのだろう。シシングハーストの名声はこの時まさに絶頂期を迎えたといえる。

普段は絹のブラウス、ズボンに長靴といういでたちのヴィタもこの日だけは人並みに名家の令夫人らしい装いで皇太后をお出迎えしたとのことである。

一九五五年春からハロルドは二度の軽い脳卒中に襲われた。ヴィタも手や背中の神経痛に悩まされて夫婦共に庭仕事を放棄せざるを得なくなった。しかしその一方で彼等には訪問客の相手をするという仕事がますます増えてきていた。特別な行事のある日曜日には千人もの来客があった。ヴィタにはそれ以外にも、雑誌等への寄稿、王立園芸協会のフェローとしての講演、ケント州農業委員会等仕事は途切れることはなかった。ハロルドは書き物、講演、旅行などで多忙であり、長男のベンは執筆活動、次男のナイジェルも作家、下院議員として活動していた。一家全員がそれぞれの分野で活躍する著名な存在であった。

日本をどう見たか

一九五六年の誕生日にハロルドはウインストン・チャーチルから祝電を受け取

り、二百人の友人から千三百七十ポンドを贈られた。この祝金で夫婦は南米にクルーズに出かけた。この年を機に、彼等は毎冬クルーズに出かけるようになるが、三回目の旅で日本も訪れている。

伝記によれば、従来の外国訪問では、ヴィタは常に現地の人々に共感を示している。それは一見非社交的とも見える彼女が、実際には直接に交流のあった人々を常に優しく受け入れた事実とも一致する。彼女と親しく話をする機会を得た人は例外なく、彼女の細やかな心配りに感動し、彼女と過ごした時間を至福の思い出として心に温めているとされる。ところが一転して日本の旅ではヴィタはそれまでの旅とはまったく異なった態度で日本人、日本の風物に接していることが伝わってくる。ハロルドには更に強い日本人に対する嫌悪感が顔を覗かせているように見える。彼は生来、反ユダヤ主義であり、ユダヤ人嫌いであった。

ハロルドは一九二二年十一月にスイスのローザンヌで開かれたローザンヌ会議に出席し、その成功に大きく貢献した。ヴィタは外交官夫人としての立場を生涯嫌悪していたが、この会議に付随して開催されたパーティには外交官夫人として出席した。しかしこの会議の一員として出席した日本人とトルコ人に対しては、彼等の作法が自分の文化とはあまりにも隔絶したものであると感じたことが記録されている。

彼等夫妻が日本を訪れた一九五九年と言えば、日本がめざましい経済成長の途上にあった時代である。しかし神戸から京都に向かう車窓から見た粗末な住宅風景、巨大な看板、蜘蛛の巣のように張り巡らされた電線は到底彼等の受け入れられるものではなかった。混雑した電車の中で否応なしに身近に迫ってくる異民族の肌の色や黒髪は彼等にとって不快以外の何物でもなかったようである。階級社会の頂点で培われた彼等の美意識、異文化を受け止める包容力は老齢ということもあり、柔軟性に欠けるものになっていたと見てよいであろう。特に貴族社会の中ではヴィタに比べれば遙かに下位に所属していたハロルドには一種の鬱屈した劣等感があった。彼のブルームズベリー・グループの人々に対する態度をみても、自分より下位の社会的階層に所属する人々に対する受容性には欠けるものがあることを窺わせる。もっともブルームズベリー・グループの人々からすれば、ハロルドはある種の知性が欠如した人種だと見ていたから相身互いという感があるが。

彼等は日本在住の友人に伴われて見学したにも拘わらず、京都の禅寺や円山公園に代表される日本庭園の端正な佇まいさえ受け入れることができなかった。彼等が唯一美しいと受け止めたのは大宮御所の建物であったと記されている。日本文化について十分な予備知識を持たなかった彼等にとって、冬の京都の美は受け入れるにはあまりにも異相の文化であったのではないだろうか。


一九九八年に日本で翻訳出版されたヴィタの『あなたの愛する庭に』の序文の中で、ナイジェル・ニコルソンはヴィタが日本を一度も訪ねたことがないと明確に述べている。彼が両親の日本訪問の事実を知らなかったとは考えにくいから、彼がこの事実を伏せたことは多少、理解に苦しむところである。

ナイジェルが逝去した現在、その理由は推察するしかないが、新しい世代の人々が異民族、異文化に対してこれまでと違った受け取り方をするようになったという時代の波に、彼も従ったと考えるのが順当ではないだろうか。

同時に、生前、シシングハーストに居住していたナイジェルが、庭園の見物客の中に日本人が次第に増加している現象に気づかなかった筈はない。また、日英の人々に共通する庭園文化、更に、日本人のイングリッシュ・ガーデン熱も彼の耳には届いていたのかも知れない。日本も英国も共にグローバル化する世界に組み込まれ、美意識について更新を重ねながら時代を生きているのである。

最後の旅

ヴィタの死にいたる病の最初の兆候は一九五九年の夏に表れたのだが、クルーズの旅は一九六〇年に南米、六一年にはマルティニークにと続いている。最後のクルーズで体調に異変を来した彼女の身の回りの世話を受け持ったのは、女友達のエディであった。ヴィタが夫である自分に頼らずに女友達の世話を受け入れたことでハロルドは気分を害したが、彼女の死後、病態の深刻さを知り、彼はそれを深く悔やんだ。

ビショップの門

ヴィタの人生最後の旅は女王様のような気分で車いすに乗り、ホワイト・ガーデンを横切り、「三人のビショップの門」を通り抜けて、塔の芝生を横断し、最盛期のライム・ウオークから木の実林へ、そして「壕の道」を戻って来るというものだった。

一九六二年六月二日にヴィタは自宅でその波乱に富んだ生涯を終えた。シシングハーストの教会での葬式後、彼女の遺灰は小さなピンクの大理石の容器——生前、彼女が二つのインク壺を置いていた——に納められウイジーハムにあるサックヴィル家の墓地に葬られた。彼女の墓碑にはニコルソンの名前は記されていない。ただサックヴィル＝ウエスト家の名前と、「詩人」ということのみが刻まれている。それは生涯、詩人であることを熱望していた彼女に対する家族からの最後の贈り物であった。

ナショナル・トラストへの移行

彼女が亡くなる数年前に、ハロルドはシシングハーストをナショナル・トラストに任せることについて意見を求めた。

「私がいる間は絶対、絶対、絶対にだめ。私が死んだらナイジェルが好きなようにしたらよい。私の生きている間はナショナル・トラストだろうが何だろうが外部の団体に私の可愛いものをさわらせない。やりたければ私の遺骸、遺灰を乗り越えてやりなさい。それ以外はだめ。ノールを失っただけで私には十分すぎた。シシングハーストを私から奪うなんてことはさせない。少なくともこれは私のもの。世の中には決して自分のものにはできないものがあるのです。(以下フランス語で)彼らはそんなことはできないし、私もそうはさせない」〔一四〕

ハロルドは六年後に亡くなり、ヴィタの墓の近くに葬られた。彼が亡くなる前年にシシングハーストはナショナル・トラストの手に移った。

文人としてのヴィタ

何代も続く高貴な血筋に生まれ、たぐい稀な美貌にも恵まれたヴィタは、幼い時から小説や詩を書くことに興味を持ち、それをまるで日々の暮らしの一部でもあるかのようにこなしていた。ある時期には、一日六十ページのペースで書いたこともあったほどである。

文筆家、特に詩人として認められること、それはヴィタが最も望んでいたことであった。前述したように、彼女が書いた小説の中には当時ベスト・セラーになったものさえあった。詩人として幾つかの賞も受けている。

このような輝かしい経歴にも拘わらず、彼女は自分が後世の人々に記憶されるような作家としては生き残れないかも知れないという怖れを、一種の失望感を持ちながら予測していた。夫ハロルドは早くからこのことを予言していた。歴史家でもあった夫が厳しい目で、時代を超えて生き残る可能性のある作品として選んだ彼女の長編の著書としては、僅かに『エドワード時代の人々』、『ノール城とサックヴィル家の人々』、『ペピータ』のみであった。これ以外の彼女の著作には、複数の詩集、十一冊の小説、二冊のペルシャ旅行記、複数の伝記、エッセイ、短編小説、数冊の短い詩集が残されており、実に多作の作家であった。

厳しい見方をすれば、現代の我々の基準では、彼女の作品の中に真に文学作品と呼べるようなものは存在していない。『エドワード時代の人々』ですら現代人には共感を持って読み進むことは困難ではないだろうか。彼女は往事、英国の文芸協会などにおいてヴァージニア・ウルフの先輩格として活躍していたのにも拘わらず、知的能力、芸術的な才能では劣っていることを自覚せざるを得なかった。ヴァージニアも最初からヴィタを大した作家ではないと考えていたことは明白である。ヴィタの小説の主人公は全て過去の人物——例えばジャンヌ・ダルクのような——をモデルにしている。小説家としての彼女の目は常に過去を見つめており、ヴァージニアは未来を見つめていたともいわれる由縁であろう。

ヴィタは小説の世界は潔くヴァージニアに譲っても、詩人の地位は譲れないと思っていた節がある。生涯を通して詩人として認められたいという望みは捨てきれなかった。

それでは、彼女の詩人としての生涯はどのように評価されるべきものであろうか。一九二〇年代、彼女の詩は人気もあり、高く評価された。彼女の詩は一流の新聞にも、大衆紙にも掲載された。彼女はラジオでも定期的に評論を行い、そのことで彼女は何千人もの聴衆から「生きている詩人」として受け取られた。彼女は英詩に君臨する貴族として持ち上げられ、ウオルター・デラ・メア、エドモンド・ブランデン、エディス・シットウエルなどの仲間に加えられることにもなった。ヴィタに自己を過大評価する傾向は認められないが、当時活躍していた詩人の中では、自らが桂冠詩人としてジョン・メースフィールドの後継者となるだろうと信じてもよい位置にいたとされている。しかし彼女は、後続のエリオット、オーデンらを乗り越えることはできないであろうと理解するほどの洞察力を備えていた。従って、メースフィールドが彼女より長生きしたことはむしろ幸いであったかもしれない。

そのような当時の英国詩壇の事情を把握していたにも拘わらず、彼女が自分の世界を詠み続けたのは幾つかの理由が考えられる。まず、彼女にとっては詩を書くことが何よりも楽しかったことであり、それによって、自分が永続性のあるものに関わっていると感じていたからであろう。

彼女は幼い日から、感じたことを、ごく自然に詩に詠んでいる。例えばヴァイオレットに初めて会った時に「お友達ができた……」という詩を作り、バスタブの中で口ずさんだと伝記は伝えている。

彼女はノール城の後継者の位置に生まれながら、女性であるためにその地位を継承することができなかった。そのことは彼女自身にとって生涯、大きな傷になっていたことは事実であるが、せめて詩人であったトマス・サックヴィルの伝統だけは継承したい想いは断ち切れなかったようである。女性であったために周囲の期待に、少なくとも母の期待に沿うことができなかったという想いが、たとえ無意識であったにせよ、心のどこかに潜んでいた。幼い時から男っぽくて、近所の男の子をいじめるほどであったこともその一つの現れであったのではないだろうか。

ヴィタはサックヴィル家の墓所となっている教会を訪れる度に、初代のトマス・サックヴィル卿のことに触れた碑文を目にしていた筈である。この詩人の末裔としての認識はヴィタの中に深く刷り込まれていたであろう。だからこそ、彼女は『ガーデン』を書き終え、自分の詩が息子の世代には通じないことを知った時には、その落胆は大きかった。彼女はハロルドに悲壮な調子で尋ねている。「……（この詩は）どんな世代にも通用しないのだろうか……」

ヴィタが亡くなって数十年が経過し、ヴィタの怖れが真実となりつつある。しかし彼女の『ランド』、『ガーデン』に関する限りこの扱いは不当であるとする意見もある。これらの詩集には現在もはや使用されなくなった農業関係の古語も多く含まれており、彼女の生きた時代を映す一種の農民詩のようなものとしての価値が全く失われているとは考えにくい。

束縛からの解放の場所として

シシングハーストの主任庭師、ジャック・ヴァスは色の趣味、植栽の多様性や理念という点で彼女に限りない信頼を寄せると述べながら、他方では彼女の目を盗んで彼女が植えたものを植えなおさねばならなかったとも述べている。このようなプロの庭師の立場というものも一応は理解できる。しかしその反面、ヴィタの方が自分の植物については、庭師よりもよく知っていた面があったことも見逃せない。多くのプロには欠けていることだが、彼女は時間をかけて花を見極め、その性質を見抜く能力と忍耐力を備えていた。

更に重要なことは、この庭はあくまでも彼女のものであり、庭師のものではないということである。シシングハースト・カースル・ガーデンの性格は彼女の植物や花に対する好みが作り上げたものなのである。ヴィタが自分の庭を自分のものにするために、一生かかって庭造りをしたということは疑いようもない。

庭造りは何よりもまず花や植物を観察することから始まる。彼女は日頃からしっかりと目を見開いて庭を一巡りするのが常で、隣り合う花の色や葉や茎の繊維の様子が醸し出す効果を常に気にしていた。彼女は新たな植栽計画を思いついた場合、その植物の花と葉を持ち歩き、ふさわしい場所を見つけるまで何度も試行錯誤をくり返した。シシングハーストに新しい花や灌木を導入する審査は厳しいものであった。新しい植物が居場所を確保するについて情は通用しなかった。場所を埋めるための目的だけで、ある植物を入れるということも決してなかった。庭に似合わないと判断された植物は潔く捨てられた。このヴィタの方針はハロルドも評価せざるを得なかったようである。

捨てることについてはハロルドの方が臆病であった。しかしハロルドにも取捨選択の判断では彼なりに厳格なところがあった。例えば彼は絶対にシャクナゲを庭に入れさせなかったし、華美な色のものを拒否した。青のプリムローズは原種からかけ離れた色をしていると遠ざけられた。

二人に共通して言えることは、取捨選択に関する総合的な規則というものは殆どなかったということである。しかしお互いに相手の「悪趣味」が理解できない場合もあった。ハロルドは紫の斑点入りで緑のフリルが付いた厚葉桜草に夢中になったことがあった。またヴィタがサウス・コテージ・ガーデンに真っ赤な、尖塔形の花を咲かせる、クニフォフィアス（トリトマ）を育てた時には、ハロルドは彼女の趣味を受け入れることができなかった。

晩年のヴィタの日常を支配していたのは熱意と勤勉と言ってよい。夕べにカタログをあさり、朝には辛抱強く注文書に記入する。午後、興奮しながら配達品をチェックし、どこに植えるべきかを指示する。自分自身で植えることもあったが、

塔の階段に残されたヴィタの名前

それよりも重要なことは、自分自身の行動で庭師達を励ますことであった。ものを書き、講演をすることで費用を稼ぐということも全て庭を更に美しくするためであった。

ジェイン・ブラウンは二十世紀における五十人の優れた庭師を挙げるとするなら、彼女は、その十位までに入るであろうと述べている。そして彼女は、ヴィタは自分の詩人としての地位が庭師としてのそれよりも確立されたものではないと気づいていたのではないかとも付け加えている。

ジェイン・ブラウンがどのような基準で庭師の位置付けをしているのかは不明であり、またそれが果たしてヴィタにとって意味のあることだっただろうかという疑問も残る。ヴィタにとっては人からの評価を気にすることなく最も自分らしく生きられる、全ての束縛から解放される場所こそが庭であったのだから。

庭は分身

全てのものに恵まれた境遇に生まれ、多くの人に愛されながら育ったヴィタであるが、成人後の彼女の表情には常にメランコリックな影が漂っている。見る人によって、それは単に彼女の血に流れるサックヴィル家特有の含愁にすぎないと映るかもしれない。しかし彼女の伝記を読み、作品に触れた後では、それは彼女の心の奥深くに潜んでいる失望の影とも見えてくる。女性であるために愛していたノール城を離れなければならなかったこと、トマス・サックヴィル卿の末裔にふさわしい詩人になることもかなわなかったこと――これを忘れるための庭造りであった。

晩年に近づくにつれ、彼女は晴れがましい場所は好まず、上流階級の人々との社交は避けるようになった。その一方で彼女は自分を必要として求めてくる市井の人を拒否することはなく、極端な場合には、一日親しく共に過ごした女友達もあったと伝えられている。そしてその束の間の交流でも彼女の比類なき優しさが人を魅了した。

天才的な文学者の繊細さと幼子のような心を持つヴァージニア・ウルフが彼女に求めたものも、同性愛の交流を通して感じられる母親のぬくもりと洗練された貴族的な優しさであった。ヴァージニアは常にその研ぎ澄まされた感性で相手の心を精査する人であったが、ヴィタは自分が求めているものも彼女が求めているものも同質のものであるということには気づいていなかった。ヴァージニアと交流の後もヴィタの心の空白部分、共鳴しない部分はそのままに残された。結局、彼女の心の空隙を満たしてくれたのは母ヴィクトリアであり、若い日のヴァイオレットだけであった。

ガーデニングは女性にとってはなかなかの重労働である。その重労働も厭わない人々にガーデニングが与えてくれる癒しの効果をイギリスの人々は早くから理解していた。日本よりも高い緯度に位置する英国では短い夏が終わりを告げると、空はすでに暗く重くなり始め、長い冬の季節がやってくる。その暗くて寒い憂鬱な時期にも英国の人々は再び訪れる春を夢見て土を耕す。そしてその作業は失われがちな人々の精神の均衡を保ってくれる。

ヴィタも、植物に触れ、花々の匂いに包まれながら庭に佇む時には、澱のように潜む心の中の満たされぬ想い、諸々の失望感などは消え失せていたに違いない。植物のカタログを読み、園芸店を訪れ、労働者のように鍬を振るい、土にふれ、草花を植え、コラムを書く。天候の悪い日には、ガーデニングの楽しみを共有する人々からの手紙に返事を書き、塔の窓から庭を眺める。彼女には見知らぬ訪問客に庭を案内することも苦にはならなかった。

彼女はどんな天候であっても庭にいることが好きだった。分身のように愛した犬を連れて何時間も庭を歩いた。この世界でこそ彼女は人からの評価を気にすることなく自分らしく生きることができた。

シシングハースト・カースル・ガーデンはヴィタの存在そのものである。そのヴィタの姿を求めて訪れる人の波は今も日々絶えることがない。

注

［一］　Vita, p.47.

［二］　The Other Woman, p.23.

［三］　Mrs. Keppel and Her Daughters, p.21.

［四］　ブルームズベリー・グループの初期のメンバーとして以下のような人々がいる。*クライヴ・ベル（一八八一〜一九六四）、ヴァネッサ・ベル（一八七九〜一九六一）、*レナード・ウルフ（一八八〇〜一九六九）、ヴァージニア・ウルフ（一八八二〜一九四一）、*サクソン・シドニー・ターナー（一八八〇〜一九六二）、*リットン・ストレイチー（一八八〇〜一九三二）、メイナード・ケインズ（一八八三〜一九四六）、ダンカン・グラント（一八八五〜一九七八）、エイドリアン・スティーヴン（一八八三〜一九四八）、ロジャー・フライ（一八六六〜一九三四）、デズモンド・マッカーシー（一八七七〜一九五二）、メアリー（モリー）・マッカーシー（一八八二〜一九五三）、E・モルガン・フォースター（一八七九〜一九七〇）

*はトビー・スティーヴンとともに、ケンブリッジ大学での真夜中会（Midnight Society）のメンバーであった。

［五］　一エーカーは約四千平方メートル。

［六］ケイパビリティ・ブラウン（一七一五～一七八三）

一世を風靡した造園家で当時彼の影響を受けていない庭園を探すのが困難なほどだといわれた。英国中で彼が造園したものは百七十にも達するといわれる。彼が手がけた庭園を挙げれば、現在もなお名園の誉れ高いブレナム・パレス、チャッツワース、ロングリートなど枚挙に暇がないほどである。当時の貴族がこぞって彼に造園を求めたが、彼は最終的には、ハンプトン・コートの主任庭師となった。「ケイパビリティ」というニックネームは、彼が依頼主に「とても可能性（ケイパビリティ）がある」と言う口癖に由来している。彼は造園に当たり、過去の建造物や、植物をすっかり取り払い、まるでそれが元々の地形であったかのように思わせるロマンティックで自然な風景を作り上げるのが常であった。

［七］ガートルード・ジーキルとエドウィン・ラチェンズ

一八八九年、二十一歳の建築家ラチェンズは、四十六歳のジーキルと出会った。ジーキルは近視のため画家、彫金作家、刺繍作家の仕事を止め、園芸家として仕事を始めていた。両者は共に当時のアーツ・アンド・クラフツ運動に影響を受け、後にはそのリーダーともなった。三十年に亘る二人の協同作業において、彼等は古い西サリー州の建造物や、コテージ・ガーデンの伝統を取り入れ、「サリー・スタイル」ともいうべき独特の美しい田舎風の別荘を作り上げた。このエドワード朝最後の輝きともいうべき二人の合作は、裕福な作家、政治家、芸術家、貴族の一種のステイタス・シンボルともなって、当時新しい住宅地として人気を集めていたサリー州に幾つかの素晴らしい作品を残した。元来、画家であったジーキルは「カラー・スキーム」（色彩計画）と呼ばれる配色法でその名前を英国庭園史に残すことになった。

［八］ コンスタンス・スプライ（一八八六～一九六〇）：アイルランド生まれ。ロンドンで花屋を開業し、後にフラワー・アレンジメントで才能を開花させた。フラワー・アレンジメントの学校を設立、また多くの著作を残している。

［九］ Brown, Jane. Vita's Other World, A Gardening Biography of V. Sackville-West.1985. Penguin Books. p.196.

［一〇］ Brown, Jane. p.197.

［一一］ Sackville-West, Vita. Some Flowers. 1993. Harry N. Abrams, Inc. p.87.

［一二］ William James Farrer (1845~1906) 英国ウエスト・モーランド生まれ。農学者、特に小麦の育種、伝播に貢献。彼の貢献により、オーストラリアは小麦の輸出国となった。

［一三］ Brown, Jane. Vita's Other World, A Gardening Biography of V. Sackville-West.1985. Penguin Books.p.196.

［一四］ Brown, Jane. p.214.

あとがき

もう一昔前になるだろうか。北欧での学会の帰途、骨休めにしばらく滞在したのをきっかけに毎年ロンドンに滞在するのが慣わしとなった。

当時、私がよく宿泊していたのは、ラッセル・スクエア近くの宿泊施設であったが、この地区には、ロンドン大学本部、大英博物館などがあり、いわば学生街のような雰囲気が漂っている。

長期滞在する研究者も多いその宿泊所で、しばらく滞在するうちには顔見知りもできて、一人旅であっても、何となく落ち着いた気分を味わうことができた。

ブルームズベリー、タヴィストック、ベッドフォードにも隣接するこの地域は、いわゆるブルームズベリー・グループゆかりの地とされ、グループに属する人々がこのあたりに居を構えていたという歴史もある。この地域では最も古典的なホテル・ラッセルにはヴァージニア・ウルフに因んで名付けられたレストランもあり、多少なりとも英文学に触れた人々にとっては、その名前を耳にするだけでも気分が高揚する場所のようである。

近くにある文学書専門の古書店で古本あさりをするのも、この地域に滞在する楽しみの一つである。一人旅の所在のない時間には、買い求めた古書に自室のベッドに寝そべって目を通すのも当時の慣わしとなっていた。そのようなくつろいだ時間にブルームズベリー・グループと関係のある書物から自分が滞在している場所こそ、かつてはヴァネッサ・ベル一家が居住していた家であるという事実に気づいた。自分が触れている同じ階段の手すりにヴァネッサとクライヴ・ベルの子供達も触れていたのかも知れないという思いは、少しばかり戦慄的な感じを与えてくれた。

暇つぶしの読書は、英国で「最も人々に愛されている庭園」といわれるシシングハースト・カースル・ガーデンの創立者、ヴィタ・サックヴィル=ウエストとその夫もブルームズベリー・グループと関わりがあったことを教えてくれた。

しかし郊外電車を乗り継いで訪れた庭園で手にした日本語のパンフレットの内容は衝撃的であった。そのパンフレットが伝えている主なメッセージは「庭園の創設者夫妻が共に同性愛者であった」ということだったのである。そのことが庭園の存在とどのように関わっているのかは一切説明されていなかった。メッセージが日本語であることの恥ずかしさと疑問とが消えることなく心に残り、折に触れて心の表層に浮かんできた（幸いにもその後解説書の内容は妥当なものに書き換えられていた）。

そして作今のイングリッシュ・ガーデン・ブーム到来である。シシングハースト・カースル・ガーデンはなぜだか花博の人気投票で一位を占め、旅行書には「イングリッシュ・ガーデンの聖地」として解説されるようになった。土や草花に長年親しんできた私には「ホワイト・ガーデン」とか「シシングハースト」の名前が一人歩きをしているように感じられた。いったい、「同性愛の夫婦が作り上げた庭園」と「聖地」の間のギャップは何なのであろうか。この積年の疑問がこの本を書く動機の一つとなった。

私のように園芸についても、英国史についても深い知識を持ち合わせない人間がこの落差を埋めようとすることは大きな冒険であることはよく認識しているつもりである。極めて陳腐なことを重く受け止めたり、逆に、事実を読み間違えている箇所もあるかも知れないという怖れを抱えながらこの本を書き上げた。不幸にして私の怖れが現実になっている場合には、どうか鷹揚に見過ごして頂きたい。

このヴィタについての物語は読者に理解して頂くということよりも、自分の興味本位で書いたというのが本音かも知れない。しかし著者としては、たとえ僅かな人数の人々であってもヴィタが庭造りにかけた情熱の根元を探り、その喜びや悲しみを共有して頂くことができれば本望である。

参考文献

英語文献

Barrett, Eileen & Patricia Cramer (eds.).Virginia Woolf. Lesbian Readings. New York University Press. 1997.

Bell, Anne Oliver (ed.). The Diary of Virginia Woolf – Volume 5 1936〜41-˙ Penguin Books, 1985.

——˙ The Diary of Virginia Woolf – Volume 3 1925〜30-˙ Penguin Books, 1985.

Bishop, E.L.(ed.). The Bloomsbury Group. Gale Research, Inc., 1992.

Bradshaw, Tony (ed.). A Bloomsbury Canvas. 2001, Lund Humphries.

Brown, Jane. Vita's Other World: A Gardening Biography of V. Sackville-West. 1985. Penguin Books Ltd. Harmondsworth. Middlesex, England.

——˙ Sissinghurst: Portrait of a Garden. Orion Publishing Group, London, 1994.

DeSalvo & Mitchel A. Leaska (eds.). The Letters of Vita Sackville-West to Virginia Woolf. Quill William Morrow, New York, 1985.

DeSalvo, Louise. Virginia Woolf- The Impact of Childhood Sexual Abuse on Her Life and Work. Ballantine Books, 1989.

Dunn, Jane. Virginia Woolf and Vanessa Bell. Virago Press 2000, 2001.

Glendinning, Victoria. Vita. Alfred A. Knopf, New York, 1983.

Gadd, David. The Loving Freiends: A Portrait of Bloomsbury. Hogarth Press, 1976.

Johnstone, J.K. The Bloomsbury Group. Noonday, 1963.

Jullian, Philippe & John Phillips. The Other Woman: A life of violet Trefusis. Houghton Mifflin Company, Boston, 1976.

Leaska, A. Mitchell & John Phillips (eds.). Violet to Vita: The Letters of Violet Trefusis to Vita Sackville-West. 1910-21, Viking Penguin, 1990.

Lehmann, John. Virginia Woolf. Thames and Hudson, 1975.

Nicolson, Harold.Tennyson, Aspects of His Life character and Poetry. Haskell House Publishers Ltd. 1973. (first published in 1925).

——˙ Peace Making 1919. Simon Publications, 2001. (copyright by Houghton Miffin Company in 1933)

——˙ King George V, His Life and Reign. Constable & Co LTD. 1979 (first published in 1952) .

——˙ Diplomacy. Georgetown University, 1988.

Nicolson, Nigel. Portrait of a Marriage. Orion Books Limited, London, 1994.

——˙ Long Life. G.P. Putnam's Sons, New York, 1998.

——˙ Virginia Woolf. Orion Books Limited, London, 2000.

——˙ (ed.) The Harold Nicolson Diaries 1907-1964, Phoenix, 2005, first published by Weidenfeld & Nicolson in 2004.

Olson, Stanley (ed.) Harold Nicolson, Diaries And Letters 1930-1964. Penguin Books, 1980.

Plumptre, George. Great Gardens Great Designers. Ward Lock, 1996.

Rosenbaum, S.P.(ed.). The Bloomsbury Group. University of Toronto Press, 1975.

Stevens, Michael. V. Sackville-West. Charles Scribner's Sons, N.Y. 1974.

Sackville-West, Vita. Grey Wethers. George H. Doran Company, N.Y. 1919.

——· Heritage.The London and Norwich Press, Limited, 1923.

——· The Land. William Heinemann, LTD., London, 1926.

——· The Edwardians. The Hogarth Press, Tavistock Square, 1930.

——· All Passion Spent. Carroll Publishers, Inc. N.Y., 1931.

——· Family History. The Hogarth Press, London. 1932.

——· Pepita. Dobleday, Doran & Co., Inc. N.Y. 1937.

——· The Garden. Michael Joseph Limited, 1946.

——· In Your Garden. Michael Joseph, London, 1951.

——· A Joy of Gardening. Harper & Publishers, N. Y. 1958.

——· Knole and the Sackvilles. The National Trust, 1991 (First published 1922 by Earnest Benn Limited. This edition is printed with the text unchanged wince Vita Sackville-West carried out her revision in 1958.)

——· Some Flowers (with watercolors by Graham Rust) . Harry N. Abrahams, Inc. 1993, originally published by Cobden-Sanderson, 1937(without pictures).

Scott-James. Sissinghurst:: The Making of a Garden. Michael Joseph. 1975.
Souhami, Diana. Mrs Keppel and Her Daughters. St. Martin's Press, New York. 1996.
Spots, Frederic (ed.) Letters of Leonard Woolf. Bloomsbury Publishing Ltd., 1990.
Woolf, Virginia. Mrs.Dalloway. Harcourt Brace & Company. 1997.

邦語文献

赤川裕『英国ガーデン物語――庭園のエコロジー』研究社出版、一九九七年
赤川裕（監修）、青山紀子（撮影）『英国庭園を旅する』文化出版局、一九九九年
海野弘『ホモセクシャルの世界史』文藝春秋、二〇〇五年
エレノア・ハーマン（高木　玲訳）『王たちのセックス――王に愛された女たちの歴史』ＫＫベストセラーズ、二〇〇五年
クウェンティン・ベル（北條文緒訳）『回想のブルームズベリー――すぐれた先輩たちの肖像』みすず書房、一九九七年
小林章夫『図説　英国庭園物語』河出書房新社、一九九八年
坂本公延『ブルームズベリーの群像――創造と愛の日々』研究社出版、一九九五年

杉恵惇宏『英国カントリー・ハウス物語——華麗なイギリス貴族の館』彩流社、一九九八年
遠山茂樹『森と庭園の英国史』文春新書、二〇〇二年
橋口稔『ブルームズベリー・グループ——ヴァネッサ、ヴァージニア姉妹とエリートたち』中公新書、一九八九年
フランセス・スポールディング（宮田恭子訳）『ヴァネッサ・ベル』みすず書房、二〇〇〇年
細谷雄一『大英帝国の外交官』筑摩書房、二〇〇五年
ヴィタ・サクヴィル＝ウエスト（食野雅子訳）『あなたの愛する庭に』婦人生活社、一九九八年
リットン・ストレイチー（中野康司訳）『てのひらの肖像画』みすず書房、一九九九年
リリアン・フェダマン（富岡明美、原美奈子訳）『レスビアンの歴史』筑摩書房、一九九六年
ヴァージニア・ウルフ（川本静子訳）『自分だけの部屋』みすず書房、一九九三年
ヴァージニア・ウルフ（宮田恭子訳）『ロジャー・フライ伝』みすず書房、一九九七年
ヴァージニア・ウルフ（杉山洋子訳）『オーランドー』国書刊行会、一九九六年（初版一九九三年）

〈著者紹介〉

菊池眞理（きくち まり）

津田塾大学英文学科卒業。

ミシガン州立大学、テンプル大学日本校などで学ぶ。

英語教育修士。専攻応用言語学、言語習得論。

2008 年 3 月、神戸松蔭女子学院大学・短期大学部を退職。同年 5 月、『英国の白いバラ　ヴィタの肖像』（幻冬舎ルネッサンス）、2013 年 6 月、『蛍よ、飛べ―消えた女性宣教師を追って―』（パレード社）を出版。

ホワイト・ガーデン誕生《たんじょう》
ヴィタ・サックヴィル＝ウエストの肖像《しょうぞう》

2024年6月28日　第1刷発行

著　者　　菊池眞理
発行人　　久保田貴幸

発行元　　株式会社 幻冬舎メディアコンサルティング
〒151-0051　東京都渋谷区千駄ヶ谷4-9-7
電話　03-5411-6440（編集）

発売元　　株式会社 幻冬舎
〒151-0051　東京都渋谷区千駄ヶ谷4-9-7
電話　03-5411-6222（営業）

印刷・製本　中央精版印刷株式会社

検印廃止

ISBN 978-4-344-69117-9 C0095
幻冬舎メディアコンサルティングＨＰ
https://www.gentosha-mc.com/